BRUCKMANNS LÄNDERPORTRÄTS

USA
Der Osten

»Eastward I go only by force; but westward I go free ...
I must walk toward Oregon, and not toward Europe ...«
(Henry David Thoreau)

USA
DER OSTEN

Christian Heeb · Margit Brinke · Peter Kränzle

BRUCKMANN

Inhalt

Kaleidoskop

Landschaften und Regionen

Pictured Rocks Nat. Lakeshore
Marquette
Munising
MACKINAC ISLAND
Mackinaw City
KANADA
Georgian Bay
Lake Simcoe
Sleeping Bear Dunes Nat. Lakeshore
Lake Huron
Lake Ontario
Green Bay
75
Toronto
Rochester
Traverse City
Lake Michigan
Kitchener
Hamilton
Niagara Falls
Buffalo
Green Bay
MICHIGAN
Lake Winnebago
Saginaw
London
86
Flint
WISCONSIN
Erie
PENNS
96
Lansing
Detroit
Lake St. Clair
Lake Erie
Grand Rapids
Milwaukee
80
Madison
Muskegon
Ann Arbor
Kalamazoo
94
Cleveland
Youngstown
Rockford
South Bend
90
Toledo
80
Akron
Pittsburgh
Chicago
Amish Country
Auburn
Canton
Indiana Dunes
Michigan City
Elkhart
88
Cumberland
71
Valparaiso
Fort Wayne
OHIO
75
Wheeling
68
80
69
Illinois R.
39
65
77
Ohio
Columbus
57
Wabash R.
Lafayette
Peoria
Bloomington
Champaign
Dayton
79
Indianapolis
Cincinnati
74
Staunton
Springfield
Terre Haute
Charleston
WEST VIRGINIA
Lexington
Ohio R.
Bloomington
Huntington
ILLINOIS
70
71
64
Lynch
INDIANA
Ohio R.
64
Roanoke
Louisville
Vincennes
Lexington
81
Cumberland Mtns.
St. Louis
64
Evansville
KENTUCKY
Mississippi R.
24
Cumberland Falls
65
Winston-Salem
Cumberland Gap
Bowling Green
81
Blue Ridge Parkway
Lake Norris
Paducah
MISSOURI
55
24
40
Knoxville
40
Asheville
85
Nashville
26
Charlotte
Great Smoky Mountains Nat. Park
Cherokee
40
SOUTH CAROLINA
ARKANSAS
75
Greenville
TENNESSEE
77
Chattanooga

USA – DER OSTEN

Kaleidoskop

Dem Osten der Vereinigten Staaten von Amerika mag auf den ersten Blick die landschaftliche Dramatik, die den Westen so einzigartig macht, fehlen. Das heißt aber nicht, dass dieser Teil des nordamerikanischen Kontinents keine Anziehungskraft hat: Hier reizen vor allem das allgegenwärtige historische Erbe, geschäftige Großstädte und beschauliche Ortschaften, außerdem gewachsene Kulturlandschaften und eine kaum berührte Wildnis.

Die USA sind zwar kein Schmelztiegel, dafür aber ein buntes ethnisches Völkergemisch. Jede Gruppe pflegt ihre eigenen Bräuche und Traditionen.

Trotz geschäftiger Metropolen gibt es auch im Osten genügend Landschaftserlebnisse, Ruhe und Beschaulichkeit, wie zum Beispiel bei einer Kutschfahrt im Central Park.

Der Sears Tower war bis 1997 der höchste Wolkenkratzer der Welt und ist noch heute das Wahrzeichen der Stadt Chicago. Der Blick von seinem »Skydeck« Richtung Norden zeigt im Hintergrund, nahe dem Seeufer, den (dunklen) Hancock Tower.

Sonntagsstimmung am Wasser. Eine lokale Initiative trifft sich zu Smalltalk und Picknick.

United Way
COMMUNITY

Das moderne Wahrzeichen von Chicago ist der 2004 eröffnete Millenium Park mit dem architektonisch spektakulären Jay Pritzker Music Pavilion von Frank O. Gehry.

Wo das Herz der USA schlägt

Dupont Circle – ein beliebter Szene-Treffpunkt im Nordwesten Washingtons.

Zweifellos liegen die Wurzeln der USA im Osten. Deshalb begegnen einem hier auch auf Schritt und Tritt historische Orte, Schlachtfelder, Museen, Denkmäler und Kultureinrichtungen. Im Osten setzten europäische Siedler, Utopisten und Religionsflüchtlinge ihren Fuß erstmals auf amerikanischen Boden. Ihnen folgten über die Jahrhunderte hinweg Immigranten aus aller Welt, die das Land besiedelten und die »frontier«, jene unsichtbare Grenze zwischen der sogenannten zivilisierten und der von Indianern und Tieren belebten »wilden« Welt, allmählich weiter nach Westen verschoben. Sie alle waren auf der Suche nach ihrem »gelobten Land« in der Neuen Welt.

Die amerikanische Geschichte ist gerade im Osten allgegenwärtig, und auf besonders intensive Weise werden hier die Kolonialzeit, der Unabhängigkeitskampf und der amerikanische Bürgerkrieg an verschiedenen Orten zu neuem Leben erweckt. Aber es ist nicht allein die Fülle historisch bedeutender Stätten, Städte und Ortschaften, sondern insbesondere die gebotene Vielfalt: Wildromantische Landschaften und pittoreske Orte, Strände und Sümpfe, Wälder und Steilküsten erzeugen eine einzigartige Harmonie von Natur und Kultur.

Das Land zwischen Atlantik und Mississippi

Den Osten der USA geografisch abzugrenzen ist nicht so einfach, wie es auf den ersten Blick erscheint. Grundsätzlich reicht er von der Grenze Kanadas im Norden bis hinunter nach Florida. Doch wie weit dehnt er sich ins Landesinnere aus? Hört der Osten bei den Appalachen auf, die sich im Hinterland parallel zur Küste erstrecken? Oder kann der mächtige Mississippi als die Trennungslinie zwischen Ost und West betrachtet werden? Vielleicht hat aber auch der indianische Schriftsteller William Least Heat Moon recht, für den der Westen erst jenseits der Bundesstaaten Louisiana, Arkansas, Missouri, Iowa und Minnesota beginnt.

Im vorliegenden Band betrachten wir die Region zwischen der Atlantikküste und dem Mississippi als den Osten der USA. Keine Berücksichtigung findet der südliche Teil dieses riesigen Gebiets, da er historisch als eigenständige Region, die »Südstaaten«, gilt und diesem bereits ein eigener Band, »USA – Der Süden«, gewidmet ist. Auch die Nordostecke des Ostens verdient einen eigenen Platz und ist bereits im Band »USA – Neuengland« porträtiert worden.

Meer und Seen, Wälder und Hügel

Die USA lassen sich in verschiedene markante geografische Regionen gliedern. Den hier behandelten Teil zwischen Atlantik und Mississippi sowie Kanada und den Südstaaten prägen drei davon: Zunächst ist da die atlantische Küstenebene; sie erstreckt sich von Cape Cod im Nordosten bis hinunter nach Florida im Südosten. Diese sogenannten Atlantic Coastal Plains erheben sich kaum mehr als 100 Meter über den Meeresspiegel und bilden ein vielgestaltiges Areal: Während die Küstenebene im Nordosten, besonders in den Neuengland-Staaten, nur sehr schmal ausgebildet ist, wird sie Richtung Süden immer breiter und Sandstrände, aber auch ausgedehnte Marsch- und Sumpflandschaften treten in den Vordergrund.

Landeinwärts, parallel zur Küste, ziehen sich die Appalachen als einer der längsten Gebirgszüge der Welt über rund 2400 Kilometer von der kanadischen Provinz New Brunswick über die Neuengland-Staaten, die Bundesstaaten New York, Pennsylvania, Virginia, North Carolina, Tennessee bis hinunter in den Süden, nach Georgia und Alabama. Die Appalachen sind ein ausgedehntes Mittelgebirge und bestehen aus mehreren unterschiedlich hohen Gebirgszügen, deren höchste Gipfel jedoch selten die 2000-Meter-Marke erreichen.

Westlich an die Appalachen schließt sich das Zentrale Tiefland an. Diese »Lower Plains« erstrecken sich um die Great Lakes und gehen im Süden und im Westen unmerklich in die Prärie und das Mississippidelta über. Die Region wurde in verschiedenen Eiszeiten geformt und präsentiert sich als Moränenlandschaft – fast ohne Berge, aber mit abgeschliffenen Hügeln und durchsetzt von zahlreichen Seen.

»Live Free or Die«

Die Kolonisation Nordamerikas begann 1565 im heutigen Florida mit der Gründung St. von Augustine durch die Spanier. 1607 entstand mit Jamestown in Virginia die erste britische Niederlassung. 1620 erreichten die »Pilgrim Fathers« (Pilgerväter) den Kontinent und gründeten weiter nördlich, in Plymouth (Massachusetts), eine Kolonie. Besonders verlockend erschien deut-

Gartenanlagen faszinieren im Osten ebenso …

… wie historische Stätten.

schen Religionsflüchtlingen die von dem Quäker William Penn 1618 gegründete Kolonie Pennsylvania, denn dort wurde den Siedlern religiöse und politische Freiheit garantiert. Im Jahr 1732 beendete James Oglethorpe mit der Ernennung Georgias zur 13. Kolonie die britische Kolonisation.

So recht glücklich sollten die Briten mit ihren Kolonien jedoch nicht werden. Während das Mutterland die »Neue Welt« in erster Linie als Rohstofflieferant und Absatzmarkt sah, forderten die Kolonisten mehr Selbstbestimmung und Eigenverantwortung. Steigende Zölle und Steuern brachten das Fass schließlich zum Überlaufen: »No taxation without representation«, keine Besteuerung ohne Mitspracherecht, wurde zum politischen Slogan, und als am 16. Dezember 1773 als Indianer verkleidete Kolonisten eine Ladung Tee in die Hafenbucht von Boston schütteten, löste diese »Boston Tea Party« den Unabhängigkeitskampf aus.

Unter dem Motto »Live Free or Die« erklärten die nordamerikanischen Kolonien am 4. Juli 1776 offiziell ihre Unabhängigkeit vom britischen Mutterland – die »Vereinigten Staaten von Amerika« waren geboren. Dennoch tobte der Freiheitskampf vor allem im Osten der USA zunächst unerbittlich weiter. Am Ende zwangen die US-Truppen unter George Washington 1781 die Briten zur Kapitulation, und nach dem Friedensschluss von Paris am 3. September 1783 musste die britische Krone die 13 Kolonien als frei, unabhängig und selbstständig anerkennen.

Bruderkrieg zwischen Yankees und Rebels

Schon während des amerikanischen Unabhängigkeitskriegs war die Position der südlichen Kolonien ambivalent: Einerseits war man auf den englischen Markt angewiesen, andererseits regte sich der Wunsch nach Selbstständigkeit. Gleich nach der Unabhängigkeitserklärung begann dann auch das Ringen um eine Verfassung. Während der Süden für eine Konföderation und damit für weitgehende Selbstständigkeit der Einzelstaaten plädierte, favorisierten andere Gruppen, angeführt von George Washington und Benjamin Franklin, eine zentralistisch orientierte politische Union – Letztere setzten sich durch. 1790 hatten schließlich alle 13 Gründerstaaten die »Constitution of the United States of America«, die älteste bis heute gültige Verfassung der Welt, unterzeichnet. Der Konflikt zwischen Nord und Süd schwelte jedoch weiter. Während der Süden auf Sklavenhalterwirtschaft – bei wachsender Abhängigkeit von »King Cotton«, der Baumwolle –, setzte, schritt im Norden die Entwicklung zum modernen Industriestaat voran. Obwohl 1808 die Einfuhr von Sklaven offiziell verboten worden war, führte eine kleine Südstaatenoberschicht weiterhin ein Leben in Saus und Braus. Rund vier Millionen Leibeigene bewirtschafteten ihre Baumwoll-, Indigo-, Tabak- oder Zuckerrohrfelder und sorgten für das Wohlergehen der Plantagenbesitzer in ihren pompösen Villen. Was im Süden fast völlig fehlte, waren urbane Zentren und finanzkräftige Industrien; dazu kam, dass der Plantagenaristokratie liberal-politische Vorstellungen weitgehend fremd waren. Darüber hinaus machte sich eine latente Angst vor einer Bevormundung und Dominanz des Nordens, eine Abneigung gegenüber den Yankees, breit.

Die unterschiedlichen Sozialstrukturen, wirtschaftlichen Grundlagen und politischen Hierarchien ließen nicht

Historische Ereignisse wirken an der Ostküste bis heute nach.

Religiöse Gruppen wie die Amischen pflegen heute noch ihren altmodischen Lebensstil.

nur eine andere Kultur entstehen, sondern führten zum Auseinanderdriften von Nord- und Südstaaten. Die Mason-Dixon-Line – die von den beiden britischen Vermessern Charles Mason und Jeremiah Dixon 1763 bis 1767 festgelegte Grenze zwischen Pennsylvania und Maryland – entwickelte sich mehr und mehr zur ideologischen Trennungslinie. Die Sklaverei war dabei nur ein Streitpunkt in der jungen Republik, die unterschiedlichen Wirtschaftsstrukturen ein anderer. Mit der Wahl von Abraham Lincoln, einem gemäßigten Republikaner aus dem Norden (Illinois) und vehementem Gegner der Sklaverei, im Jahre 1860 zum Präsidenten, nahmen die Dinge ihren katastrophalen Lauf. Elf Südstaaten lösten sich vom Staatenbund los und gründeten die »Konföderierten Staaten von Amerika«. Mit der Beschießung von Fort Sumter in South Carolina lösten sie im April 1861 den Bruderkrieg aus. Nord- und Südstaaten bekämpften sich mit vormals unbekannter Härte. Die Einnahme von Vicksburg durch die Unionstruppen und deren Sieg in der Schlacht bei Gettysburg ließen das Jahr 1863 zum Wendepunkt werden. Nach langwierigen Rückzugsgefechten und General William Shermans »March to the Sea«, der eine breite Schneise der Verwüstung im Südosten schlug, kapitulierte der Südstaaten-Oberbefehlshaber Robert Lee am 9. April 1865 in Appomattox, Virginia.

Jenseits der »Blauen Berge«

Die Sehnsucht nach »Wide Open Spaces« – nach endloser, dünn besiedelter Weite –, die die Countrymusic-Band Dixie Chicks einmal besungen hat, lockte schon bald Siedler von der Ostküste weg tiefer hinein in den nordamerikanischen Kontinent. Bereits unter den ersten europäischen Neuankömmlingen, die sich im 17. Jahrhundert an der Ostküste niederließen, befanden sich Unruhegeister, die neugierig und optimistisch gen Westen blickten. Ihnen und dem wachsenden Siedlungsdruck an der Küste ist es zu verdanken, dass damit die »frontier« westwärts wanderte.

Erinnerung an den ersten Amerikaner auf dem Mond: Neil Armstrong.

Zunächst galt es aber, die Appalachen zu überwinden: Abenteurer und Trapper wie Daniel Boone waren die Ersten, die Ende des 18. Jahrhunderts jenseits der Blue Mountains, der »Blauen Berge«, im heutigen Grenzland von Kentucky, Tennessee und North Carolina, ihr Glück suchten. Hilfreich war zudem ein »Immobilienschnäppchen« namens »Louisiana Purchase«. 1803 hatte Napoleon das gesamte französische Kolonialgebiet westlich des Mississippi bis zu den Rocky Mountains für nur 15 Millionen Dollar an die USA verscherbelt. Schon ein Jahr später waren die Offiziere Meriwether Lewis und William Clark mit einem Expeditionskorps im Auftrag von Präsident Jefferson aufgebrochen, um das Land zu erkunden. Ihren Fußstapfen folgten Trapper und Händler, und es entstanden erste Handelsposten. Zwischen 1841 und dem Bau der ersten kontinentalen Eisenbahn 1869 strömten Millionen von Siedlern aus aller Welt ins Landesinnere und verdrängten in zunehmendem Maße die hier lebenden indianischen Völker.

Aufstieg zur Weltmacht

Die Zeit nach dem Bürgerkrieg war durch die Erschließung des Zentrums und des Westens einerseits und durch wirtschaftlichen Aufschwung andererseits geprägt. Die ökonomische Vormachtstellung ließ die USA auch auf der internationalen Bühne zur Weltmacht aufsteigen. In den beiden Weltkriegen verhielt sich Amerika zwar zunächst neutral, griff dann aber doch jeweils auf Seiten Frankreichs und Großbritanniens militärisch ins Geschehen ein. Nach dem Ende des Zweiten Weltkriegs 1945 unterstützten die USA jedoch vehement den Wiederaufbau Deutschlands.

Die Wirtschaftskrise zwischen den zwei Weltkriegen, ausgelöst durch den Börsencrash am 24. Oktober 1929, überstand die Nation nur deshalb, weil es Präsident Franklin Delano Roosevelt mit einem neu ins Leben gerufenen Arbeitsbeschaffungsprogramm, dem »New Deal«, gelang, die Wirtschaft wieder anzukurbeln. Die zweite Hälfte des 20. Jahrhunderts war dann vom »Kalten Krieg«, von Korea- und Vietnamkrieg sowie dem Nahostkonflikt geprägt. Der Fall der Mauer 1989 konnte zwar den Ost-West-Konflikt entschärfen, doch die terroristischen Angriffe islamischer Fundamentalisten am 11. September 2001 stürzten die USA erneut in eine schwere Krise.

Ein Afroamerikaner schreibt Geschichte

Der republikanische Expräsident George W. Bush junior rief den nicht unumstrittenen »Krieg gegen den Terrorismus« aus – und schoss mit seiner übertriebenen Sicherheitspolitik über das Ziel hinaus. Die Quittung kam bei den Präsidentschaftswahlen im November 2008 mit der Wahl des Demokraten Barack Obama, dem ersten Afroamerikaner in diesem höchsten Amt. Auf ihm liegen nun große Hoffnungen, er soll mit frischem Wind und Tatkraft das Land aus der gegenwärtigen Krise herausführen und damit auch den Rest der Welt wieder auf Kurs bringen.

Präsident Obama sprach in seiner Antrittsrede von einer »patchwork heritage« der USA, denn ebenso vielseitig wie das Land an sich ist, so verschieden sind auch seine Bewohner. Immerhin gehört von den rund 305 Millionen Amerikanern rund ein Drittel einer Minderheit an: Etwa 15 Prozent sind Hispanics, rund zwölf Prozent Afroamerikaner und gut fünf Prozent sind asiatischer Herkunft, über ein Prozent bezeichnen sich als Indianer oder Eskimos und knapp 0,15 Prozent sind Hawaiianer.

Die Mär vom Schmelztiegel

Genau genommen trifft die abgedroschene Metapher vom »melting pot« weder auf den Osten noch auf das übrige Land zu. Vielmehr setzt sich die amerikanische Nation aus einer Vielzahl von Ethnien zusammen, die mehr

Die große Gruppe der Afroamerikaner erhielt Auftrieb durch die Wahl Obamas zum Präsidenten.

»Amerika, du hast es besser ...«

»Amerika, du hast es besser als unser Kontinent, das alte, hast keine verfallenen Schlösser und keine Basalte. Dich stört nicht im Innern zu lebendiger Zeit unnützes Erinnern und vergeblicher Streit.« Mit diesen Worten brachte bereits 1827 Deutschlands größter Dichter, Johann Wolfgang von Goethe, seine Begeisterung für die »Neue Welt« zum Ausdruck. Leider hat Goethe Amerika nie gesehen, dafür aber viele seiner nachgeborenen Landsleute. Das zeigt sich allein daran, dass noch heute rund 17 Prozent aller Amerikaner deutsche Wurzeln haben. Schon am Ende des 19. Jahrhunderts schwärmten deutsche Reisende von den USA, und überschwängliche Berichte, wie jene des österreichischen Reiseschriftstellers Ernst von Hesse-Wartegg (1851 bis 1918), machten neugierig. Selbst Otto von Bismarck träumte: »Ich wollte, ich könnte nach Amerika fahren ...« Besonders aber Karl May (1842–1912) ließ sich von der Euphorie anstecken und schuf mit seinen Winnetou-Bänden ein Amerikabild, das bis heute bei vielen Deutschen Sehnsüchte nach dem »Wilden Westen« weckt. Dabei bereiste May nur ein einziges Mal ein kleines Areal der USA: Im Herbst 1908 lernte er den Nordosten des Kontinents zwischen New York, den Niagarafällen, Toronto und Boston kennen. Wie viele seiner Zeitgenossen ließ sich May bei seinen legendären Romanen von tatsächlich Weitgereisten und Abenteurern inspirieren: Prinz Maximilian zu Wied-Neuwied und der Schweizer Maler und Zeichner Karl Bodmer (1809–1893) hatten mit ihren Berichten und Zeichnungen bereits um 1840 ein Bild von den Weiten Nordamerikas entworfen. Zusammen mit Schriftstellern, Reisenden und Abenteurern wie Friedrich Gerstäcker (1816–1872) oder Balduin Möllhausen (1825–1905), die den Kontinent mehrfach bereisten, weckten sie bei vielen Interesse am »gelobten Land« und legten die Basis für die deutsche Amerikasehnsucht. Die USA haben ihre Anziehungskraft auf Deutschland bis zum heutigen Tag, ungeachtet aller Geschehnisse in der Vergangenheit, aller Konflikte und Verstimmungen, nicht eingebüßt. Selbst die Katastrophe am 11. September 2001, als »September Eleventh« in die Geschichtsbücher eingegangen, scheint überwunden, ebenso, seit der Wahl von Obama, die allzu aggressive amerikanische Sicherheitspolitik. Nach der Flaute 2001 sind die Besucherzahlen mittlerweile wieder angestiegen, und für 2008 wurden fast 1,8 Millionen deutsche USA-Reisende geschätzt. Ursachen für die ungebrochene Beliebtheit sind nicht allein der noch immer günstige Umtauschkurs oder die verbesserten und über Jahre hinweg nicht wesentlich verteuerten Flüge, sondern vor allem die anhaltende magische Anziehungskraft des »Lands der unbegrenzten Möglichkeiten« ...

Die USA mit ihrer endlosen Weite sind bis heute ein Traumland der Deutschen.

Diese große Nation hat viele Gesichter.

oder weniger ausgeprägt ihre spezifischen Eigenarten beibehalten haben. Die Folge von fast 400 Jahren Siedlungsgeschichte ist ein einzigartiges Kulturgemisch, das besonders in den Großstädten lebendig ist: Einmal glaubt man sich ins exotisch-ferne China versetzt, dann mitten in eine pulsierend-bunte mexikanische Metropole oder in eine süditalienische Kleinstadt, um wenige Straßen weiter in einem typisch modernen, amerikanischen Geschäftszentrum zu stehen. Die einzelnen Ethnien – allen voran Afroamerikaner, Latinos und Asiaten, aber auch Südeuropäer – bildeten eigene Enklaven, verfügen über spezifische Infrastrukturen und Traditionen, pflegen ihre Sprache – Spanisch ist nach Englisch die am häufigsten gesprochene Sprache in den USA – und Religion und zelebrieren ihre Feiertage, Feste und Bräuche.
Der Dichter Walt Whitman sprach schon Mitte des 19. Jahrhunderts von einer »Nation of Nations«. Und tatsächlich gleichen die Amerikaner in ihrer Gesamtheit eher einem bunt gemusterten Quilt aus vielen Einzelteilen, der erst bei Betrachtung aus der Ferne ein harmonisches Ganzes bildet, denn einen Schmelztiegel. Eines eint jedoch alle: die Liebe zu ihrer neuen Heimat und der Stolz darauf. Obwohl

God's Own Country

die eigene Identität und eine kulturelle Abgrenzung von anderen Ethnien wichtiger sind als oberflächliche Integration, gelten die amerikanische Flagge, die Hymne und die Verfassung als einende Symbole.

»God's Own Country«

Mit der Verankerung der Religionsfreiheit und der Trennung von Kirche und Staat in der Verfassung wurden die USA zu »God's own country«. Jeder kann seinen Glauben ausleben, solange er Gesellschaft oder Staat nicht schadet. Dieses sogenannte Disestablishment, als erster Zusatz (Amendment I) 1791 in die Verfassung aufgenommen, führte einerseits zur Entstehung zahlreicher Kirchen und andererseits zu wachsender Konkurrenz. Im 19. Jahrhundert erreichte die Vielfalt an Religionsgruppen und Sekten in den USA ihren Höhepunkt, und bis heute ist die religiöse Zersplitterung nirgendwo so stark wie in dem riesigen Land zwischen Atlantik und Pazifik. Trotz der faktisch strikten Trennung von Kirche und Staat ist das Alltagsleben des Amerikaners bis heute von der Religion oder von seiner speziellen Kirchengemeinde geprägt. Man engagiert sich für sie, finanziert sie mit und profitiert von ihr, von Kinder- und Altenbetreuung, Familien- und Freizeitprogrammen. In vielen Teilen der USA gilt der Sonntagvormittag noch immer als »heilig«, und man trifft sich im »Sunday best«, im Sonntagsgewand, in der Kirche; und noch immer ist die Bibel das meistgelesene Buch.

Doch nicht allein religiöse Flüchtlinge, die zu Beginn der Besiedelung im 17. Jahrhundert aus Europa in die »Neue Welt« strömten, waren für die Entwicklung der Kirchenlandschaft in den USA verantwortlich, auch religiöse Wiedererweckungsbewegungen spielten eine zentrale Rolle. Das erste dieser »Great Awakenings« griff zwischen 1720 und 1750 – noch vor der Unabhängigkeit – auf die englischen Kolonien in Nordamerika über. Eine Konsequenz war beispielsweise die Entstehung der protestantischen Richtungen der Methodisten, der Presbyterianer oder der Episkopalen. Zwischen 1795 und den 1840er Jahren kam es zur zweiten Wiedererweckungsbewegung. Damals führten die Visionen des Joseph Smith zur Gründung der Church of Jesus Christ of Latter-day Saints, den sogenannten Mormonen, die schließlich im »Wilden Westen«, im heutigen Bundesstaat Utah, ihr gelobtes Land fanden.

Dass die Religionsfreiheit bis heute ernst genommen wird, belegen die Amish People. Sie bilden die kleinste, aber zugleich auffälligste Gruppe unter den ehemaligen deutschsprachigen Siedlern in Pennsylvania, die von anderen Kolonisten als »Pennsylvania Dutch« bezeichnet wurden. Ihr Streben nach gewaltlosem Leben im engen Familienverband und ihre Selbstverantwortlichkeit vor Gott und der Welt machten die Anabaptisten (Wiedertäufer) in Europa schnell zu Außenseitern und Verfolgten. Ende des 17. Jahrhunderts fanden sie in Pennsylvania eine neue Heimat und gehen bis heute unbeirrt ihren eigenen Weg. Die Amischen lehnen bewusst die Errungenschaften des modernen Lebens – wie Strom, Telefon, Mode oder Autos – ab, erziehen ihre Kinder selbst und

Viele Freiluftmuseen geben Einblick in den Alltag der frühen Siedler.

leben weitgehend abgeschottet in ihrer eigenen, traditionell-konservativen und pragmatischen Welt.

Wiege alternativer Ideen und Lebensformen

Das friedliche Nebeneinander von Extremen und Gegensätzen in den USA sorgt im »Alten Europa« häufig für Erstaunen. So gilt gerade der Osten einerseits als Wiege eines strengen Puritanismus, der kapitalistischen Wirtschaftsordnung und des damit verbundenen Gewinnstrebens. Andererseits aber steht gerade hier die Wiege alternativer Ideen und Lebensformen. Bereits Anfang des 19. Jahrhunderts waren Literaten und Dichter im Osten, unter Einfluss der Ideen von Kant und Schelling, der romantisch-optimistischen Strömung des Transzendentalismus gefolgt. Diese neue mystische Philosophie postulierte die Existenz einer die gesamte Schöpfung vereinenden Überseele, predigte die Vorrangstellung der Erkenntnis über die Vernunft und die Rechtschaffenheit der Menschheit. Ralph Waldo Emerson (1803–1882) war das Sprachrohr der Bewegung und scharte die klügsten Köpfe seiner Zeit, wie Henry David Thoreau oder Nathaniel Hawthorne, um sich. Aber nicht nur geistig entwickelte man damals neue Ideen, man begann gleichzeitig praktisch mit alternativen Lebensformen zu experimentieren. Thoreau zog sich für einige Zeit in die Einsamkeit am Walden Pond (Massachusetts) zurück, und in Landkommunen wie der Brook Farm (New Hampshire) oder Fruitlands (Massachusetts) nahmen Aussteiger die Ideen der Hippiegeneration der 1960er Jahre vorweg.

Mount Vernon, Sitz des ersten US-Präsidenten George Washington

So wundert es nicht, dass besonders Politiker und Denker aus dem Osten im 19. Jahrhundert an der Spitze vieler Reformbewegungen standen. Männer wie Abraham Lincoln aus Illinois sprachen sich explizit gegen die Sklaverei aus, und Harriet Beecher Stowe leistete 1852 mit »Onkel Toms Hütte« ebenfalls einen wichtigen Beitrag zu deren Abschaffung. Nachdem es die Sklaverei ab 1864 offiziell nicht mehr gab und auch der Bürgerkrieg ein Jahr später überstanden war, rückten die Ausbeutung der Arbeiter im Zuge der industriellen Revolution sowie die bis dato untergeordnete Rolle der Frau in der Gesellschaft in den Blickpunkt. Vor allem in Chicago setzten in der Frühphase der Industrialisierung am Ende des 19. Jahrhunderts die Gewerkschaften – oft angeführt von deutschen Immigranten – viele Verbesserungen durch, wenn auch nicht immer konflikt- und gewaltfrei.

Naturparks und Umweltschutz

Heute fungiert in den USA der Staat – sowohl das übergeordnete Federal als auch die State Governments – durch die Einrichtung von Naturparks und -denkmälern als eine der wichtigsten Umweltschutzorganisationen. Die verschiedensten Programme dienen dem Schutz der einheimischen Flora und Fauna: dem Erhalt des Wildtierbestands und der Pflanzenvielfalt, Wiederansiedelungsprojekte für bedrohte Arten sowie die Wiederaufforstung und die Rückführung von Naturregionen in ihren Urzustand. Etwa 340 000 Quadratkilometer der USA unterstehen dem 1916 gegründeten National Park Service (NPS), einer dem Innenministerium unterstellten Behörde, die

Zurück zur Natur: Farmer's Markets sind überall beliebt.

in den geschützten Arealen auch Polizeigewalt ausübt. Daneben existieren weitere ausgedehnte Schutzgebiete, die von US Forest Service, Bureau of Land Management, US Fish and Wildlife Service oder den Behörden einzelner Staaten (State Parks, State Forests usw.) verwaltet werden.

Das National Park System umfasst heute etwa 390 Naturparks, Monuments, Battlefields, Recreational Areas, Historic Sites und andere Schutzzonen. Jagen, Beweidung, Bergbau und Holzschlag sind hier im Allgemeinen nicht oder nur eingeschränkt erlaubt. Jenes Gesetz, das 1872 den Yellowstone als ersten National Park auswies, hatte nämlich festgelegt, dass Nationalparks zum ausschließlichen »Nutzen und zur Freude« der Menschen dienen sollten.

Wenngleich sich die meisten Schutzgebiete der USA im Westen konzentrieren, befinden sich auch im östlichen Landesteil einige interessante und besuchenswerte Naturschutzareale und historisch bedeutsame Orte, die unter Denkmalschutz stehen und vom NPS verwaltet werden. Zwei Nationalparks liegen in den Appalachen, Shenandoah und Great Smoky Mountains, aber auch um die Großen Seen finden sich mit Apostle Islands, Pictured Rocks oder Sleeping Bear Dunes National Lakeshores weitere Nationalparks. Zu den herausragenden historischen Orten und Denkmälern gehören Schlachtfelder wie in Gettysburg oder Richmond, Bauten wie Abraham Lincolns Wohnhaus in Springfield oder Memorials wie jene um die National Mall in der Hauptstadt Washington.

Zurück zur Natur

Mehr und mehr Amerikaner räumen mittlerweile dem Umweltschutz Priorität ein. Man engagiert sich in Umweltgruppen, steigt in den Metropolen auf den öffentlichen Nahverkehr oder alternative Energien um und entdeckt die höhere Qualität von Lebensmitteln aus biologischem und lokalem Anbau. So gesehen haben die USA sogar eine Vorreiterrolle übernommen: »Zurück zur Natur« heißt die Devise – und man erinnert sich zunehmend seiner Verantwortung für die Ressourcen und die Erde.

Ausgehend von Kalifornien einerseits und vom Nordosten andererseits verbreitet sich beispielsweise seit mehreren Jahren eine Gegenbewegung zum konventionellen Anbau: »Organic Farming« heißt das Zauberwort und Biokost aus lokalem Anbau gewinnt an Popularität. Der Begriff des »Organic Farming« war 1973 von rund 90 Bauern ins Leben gerufen worden, die sich zur »California Certified Organic Farmers Association« zusammengeschlossen haben und sechs Jahre später ihre Richtlinien als »Organic Food Law« zum Gesetz machten.

Aus einigen anfangs belächelten Aussteigern, die für den Eigenbedarf produzierten und ihre Überschüsse auf Festivals und Märkten verkauften, ist inzwischen eine lukrative Bewegung geworden, die besonders in den großen Städten im Osten dem sogenannten Agrobusiness ernsthafte Konkurrenz machen. Lokale Produkte und Slow Food haben an Bedeutung gewonnen, und »natural foods« und »organic products« gehören in den USA zu den am stärksten wachsenden Einzelhandelssparten. Biosupermärkte wie »Whole Foods« oder »The Fresh Market« sind ebenso wie die mittlerweile überall anzutreffenden Farmers' oder Green Markets (Wochenmärkte) in der Gunst der Verbraucher gestiegen.

Im McLean House auf dem Gelände des Appomattox Courthouse kapitulierte 1865 die Südstaaten-Armee von General Robert E. Lee.

Die Großen Seen bieten mehr als nur Wasser: Wälder, Strände, Farmen und Weingüter, aber auch pulsierende Metropolen und beschauliche Ortschaften.

NOW
RENTING

New York – Weltmetropole und Tor zur Neuen Welt

New York ist ein Unikum, eine Stadt ohne Maßstäbe, eine Stadt, die keine Ruhe findet und niemals schläft, eine Stadt voller Kontraste. Hier ist der Wandel die einzige Konstante und das Extreme ein Markenzeichen. New York gibt sich bunt und schrill, vielgestaltig und pulsierend. Es ist ein ethnischer Mikrokosmos auf engstem Raum und fungiert zugleich als Einkaufs-, Kultur- und kulinarische Metropole.

Partystimmung über den Dächern Manhattans mit Blick auf das Empire State Building. New York ist eine Stadt, die niemals schläft.

Auch das ist New York:
In gemütlichen Pubs treffen sich seit Generationen die Locals zu Smalltalk und Snacks.

OPERA NEWS

Egal zu welcher Jahres- oder Tageszeit – ein Spaziergang durch den Central Park gehört zum Pflichtprogramm jedes New-York-Reisenden.

THE POWER TO
PUT AN END TO
HUGE OVERAGES.
Sprint POWER UP

Das Flatiron Building, einst New Yorks erster Wolkenkratzer, duckt sich heute bescheiden im Häusermeer Midtowns.

New York City, eine einzigartige Stadt

New Yorks wichtigstes Verkehrsmittel ist seit über 100 Jahren die Subway.

New York scheint vom Himmel gefallen zu sein, hat mit anderen amerikanischen Großstädten wenig gemeinsam. Der Literat Henry James, 1843 in New York geboren und dort viele Jahre lebend, brachte es auf den Punkt: »New York ist keiner anderen Stadt ähnlich. Es ist eine hässliche Stadt und sie ist schmutzig. Das Klima ist ein Skandal. Aber wer einmal in New York gelebt hat, für den ist kein anderer Ort gut genug.«

New York ist nicht nur ethnisch und kulturell vielseitig, nein, hier gehen Alt und Neu eine fesselnde Symbiose ein und verschmelzen architektonisch zu einem grandiosen Stadtbild. Detailreich verzierte, altehrwürdige Repräsentationsbauten stehen neben stromlinienförmigen, verspiegelten Glaspalästen, hübsch renovierte Brownstone-Reihenhäuschen kontrastieren zu monotonen Betonblöcken. Seit über einem Jahrhundert gilt New

York neben Chicago als die »Stadt der Wolkenkratzer«, und die Skyscrapers sind denn auch das Abbild der New Yorker Gesellschaft: Jeder Bau ist ein Individuum für sich, doch alle zusammen bilden sie ein homogenes Ganzes. »Mit Worten werde ich New York nie erfassen …« – wie Simone de Beauvoir kommen noch heute viele Besucher aus dem Staunen nicht mehr heraus. New York ist die Wirtschaftsmetropole und das Bankenzentrum der Welt, ist Sitz von Konsum und Kommerz. Doch der »Big Apple« ist auch Dreh- und Angelpunkt der Kunst- und Kulturszene und eine hypermoderne Großstadt voller Attraktionen, Events und spektakulärer Museen, ein Shopping- und ein kulinarisches Paradies, und deshalb ein Topreiseziel: 47 Millionen Besucher sollen 2008 New York besucht haben!

»Do your own Thing«

»Jeder ist sich selbst der Nächste« – für ihre Ellbogenmentalität waren die New Yorker lange Zeit berühmt-berüchtigt. Schon 1774 schimpfte der spätere zweite US-Präsident, John Adams, dass es den New Yorkern einfach an Manieren fehle. Für die anderen Amerikaner galten die New Yorker immer als unfreundlich und hektisch, rücksichtslos und arrogant. Das hat sich jedoch seit jenen furchtbaren Ereignissen an einem sonnigen Herbsttag, dem 11. September 2001, geändert. Als Terroristen zwei entführte Passagierflugzeuge in die beiden Türme des World Trade Center steuerten und damit nicht nur eine weltberühmte Sehenswürdigkeit zerstörten, sondern zugleich Tausende von Menschen töteten, war der Schock entsprechend groß.

Diese Katastrophe brachte jedoch eine ganz andere Seite im Wesen der New Yorker zum Vorschein: Mit eiserner Disziplin, vormals unbekannter Solidarität und selbstloser Hilfsbereitschaft krempelten sie die Ärmel hoch und packten an. Statt in Apathie, Selbstmitleid und Trauer zu versinken, verbrüderte man sich in bislang unbekannter Weise. Die Stadt ist an diesem Unglück gewachsen und die vormals selbstverliebten New Yorker haben sich zum Positiven verändert.

Die wahre Weltmetropole

»If I can make it there, I'll make it anywhere«, sang Frank Sinatra, und seit Generationen vertrauen Menschen aus aller Welt darauf, hier ihren lang gehegten Lebenstraum, quasi den Aufstieg vom Tellerwäscher zum Millionär, verwirklichen zu können. Die Stadt verweist mit Stolz auf eine lange Liste bedeutender Persönlichkeiten aus allen Bereichen, die hier geboren wurden oder lebten: Barbra Streisand, Liza Minnelli, Paul Auster, Tom Wolfe, Andy Warhol, Woody Allen, George Gershwin, Henry Miller, Duke Ellington, Count Basie, Josephine Baker, Charlie Parker, Miles Davis, Ella Fitzgerald, Ray Charles, James Brown oder Aretha Franklin – um nur einige zu nennen …

Seit jeher prägen kulturelle, ethnische und ökonomische Unterschiede die Stadt und ließen sie dennoch zur einzigen wirklichen Weltmetropole auf-

New Yorks berühmte Cops

Irgendwo gibt es immer etwas zu feiern.

New York, Hauptstadt des Baseballs

Home Run, Hit, Save, Curve Ball? Zugegeben, Nichtamerikaner tun sich mit dem US-Nationalsport Baseball und seinen Regeln schwer. Andererseits gibt es keine bessere Gelegenheit, die wahre Mentalität der Amerikaner kennenzulernen. Und kein anderer Ort wäre geeigneter als New York, die »Capital of Baseball«. Hier wurde nachweislich 1845 der erste Baseballklub, der »Knickerbocker Club of New York«, gegründet, und wenn schon das Spiel selbst – »The National Game« – nicht hier erfunden wurde, so verweist man zumindest stolz darauf, maßgeblich an der Erstellung des Regelwerks beteiligt gewesen zu sein. Seit 1876 die National League (NL) und 1900 die American League (AL) gegründet worden waren, die sich 1903 zur Major League Baseball (MLB), der höchsten Klasse im Berufsbaseball zusammengeschlossen haben, spielten die Teams aus New York stets eine herausragende Rolle. Die 1903 aus Baltimore hergezogenen »Yankees« lieferten sich bis in die späten 1950er Jahre mit den »New York Giants« (1883 gegründet) und den »Brooklyn Dodgers« (1890 gegründet) packende Lokalderbys.

Im Sommer sorgen die »Boys of Summer« für genügend Diskussionsstoff in New York.

Dann packten die Giants und die Dodgers ihre Koffer und zogen ins sonnige Kalifornien – nach San Francisco beziehungsweise Los Angeles. Dass New York dennoch neben Chicago eine »Hauptstadt des Baseball« blieb, dazu trugen neben den Yankees – mit 26 Meistertiteln die erfolgreichste Baseballmannschaft – die 1962 gegründeten »Mets« bei. New York ist heute gespalten: Ein Teil der Bevölkerung, vor allem in Brooklyn und Queens, sind treue Mets-Fans, der Rest steht zu den Yankees. Inzwischen haben die Lokalrivalen einen weiteren Grund stolz zu sein: Im Frühjahr 2009 bezogen beide nagelneue Stadien, das New Yankee Stadium in der Bronx und das CitiField in Queens.

Gratis-Sightseeing mit Aha-Erlebnis: Die Staten Island Ferry macht's möglich.

steigen. Hier tummelt sich ein buntes Völkergemisch, das mehr oder weniger tolerant nebeneinanderher lebt. Glaubt man sich in der einen Straße nach Jerusalem versetzt, taucht man in der nächsten in asiatisches ameisenhaftes Gewimmel ein; duftet es in einem Viertel nach italienischer Pizza, wird in nächster Nachbarschaft ausschließlich Spanisch gesprochen. Die einzelnen Ethnien bilden ihre eigenen abgegrenzten Enklaven, in denen Sprache, Religion und Kultur, Lebens- und Essgewohnheiten beibehalten werden. New Yorks Chinatown, die jüdische Lower East Side, das hispanische East Harlem machen dies klar, und eine Fahrt mit der U-Bahn-Linie 7, dem »International Express«, durch Queens kommt einer Weltreise gleich. Für dieses »Multikulti« zeichnete New Yorks erster afroamerikanischer Bürgermeister David Dinkins (1989 bis 1993 amtierend) einmal das passende Bild: »New York ist kein Schmelztiegel, sondern ein prächtiges Mosaik.«

Manhattan und mehr

Spricht man von New York, denkt man in erster Linie an Manhattan, einen kleinen Teil der Metropole. Bei diesem Kernstück New Yorks handelt es sich um eine gut 21 Kilometer lange und knapp vier Kilometer breite Insel, die durch zwei Flüsse, den im Westen gelegenen Hudson River und den East River im Osten, vom Festland abgeschnitten ist. Offiziell hat New York City derzeit fast 8,3 Millionen Einwohner, davon lebt aber nur rund ein Fünftel auf Manhattan.

Manhattan besteht aus einer Reihe eigenständiger Stadtteile: Downtown, der Südteil der Insel, besteht nach geläufiger Definition aus dem sogenannten Lower Manhattan, das das gesamte Areal südlich der 14th Street inklusive dem »Village« umfasst. Daran schließen, quasi als Pufferzone, zwischen 14th und 34th Street die

Die Freiheitsstatue ist das weltberühmte Symbol für Freiheit und Demokratie.

Viertel Gramercy und Chelsea an, ehe Midtown (34th bis 59th Street) mit dem legendären Theater District und dem Times Square folgt. »Uptown« heißen die Viertel nördlich der 59th Street beidseitig des Central Park, und »Upper Manhattan« bezeichnet schließlich die Region nördlich des Central Park bis hinauf zur Nordspitze der Insel.

Doch New York ist nicht allein Manhattan. Vielmehr bildet es zusammen mit vier weiteren Stadtteilen, die einst unabhängige Städte waren, eine Megalopolis. Manhattan ist flächenmäßig sogar der kleinste dieser »Boroughs«. Nördlich davon, auf dem Festland, erstreckt sich die Bronx und auf Long Island, einer dem Festland vorgelagerten Atlantikinsel, befinden sich Brooklyn und, als größter Stadtteil, Queens. Im Südwesten, jenseits des Hudson River, liegt dann noch als fünfter die Insel Staten Island.

Im Labyrinth endloser Schritte

»New York war ein unerschöpflicher Raum, ein Labyrinth von endlosen Schritten ...«, diese Zeilen stammen aus dem wohl bekanntesten modernen Roman über die Stadt, aus der »New York-Trilogie« von Paul Auster. Aber nicht nur in dem Werk des berühmten Schriftstellers spielt New York eine wichtige Rolle. Die Stadt hat große Schriftsteller und Poeten quasi am Fließband hervorgebracht: Walt Whitman, Amerikas bedeutendster Lyriker, Henry Miller, Norman Mailer, Tom Wolfe, John Dos Passos, Isaac Bashevis Singer, J. D. Salinger, E. L. Doctorow oder Kinky Friedman sind nur ein paar Namen aus einer langen Liste. Die Harlem Renaissance – eine Kulturbewegung der 1920er und 1930er Jahre – fungierte einst als Ventil eines neu entstandenen afroamerikanischen Selbstbewusstseins und offenbarte sich in den verschiedensten Bereichen: Tanz, Theater und Kunst, vor allem aber in der Musik, im Jazz und in der Literatur mit Vertretern wie Jean Toomer, Zora Neal Hurston oder Langston Hughes. J. D. Salinger und Saul Below stehen hingegen exemplarisch für die in New York lebendige jüdisch-amerikanische Literatur, die die »Schtetl-Kultur« thematisiert und eine Rückbesinnung auf jüdische Identität und Werte fordert. New York hat jedoch auch deutsche Dichter und Denker angezogen. Speziell während des Naziregimes suchten viele hier Zuflucht, beispielsweise die Familie Mann, Bert Brecht oder Oskar Maria Graf, Wolfgang Koeppen oder Hermann Kesten.

Dass diese Stadt der Literatur untrennbar mit dem Theater verbunden ist, liegt nahe. Schon 1732 hatte der Niederländer Rip van Dam in einer Lagerhalle an der Maiden Lane das erste Theater eröffnet. Zum Boom kam es dann im frühen 20. Jahrhundert, und im Handumdrehen mauserte sich New York zur »Welthauptstadt des Theaters«. Rings um den Broadway, doch vermehrt auch in anderen Vierteln, werden heute von Musicals über Schauspiele bis hin zu experimentellem Theater alle Genres auf rund 40 Broadway- und mehr als 300 weiteren Bühnen abgedeckt.

Die Wiege der Weltmetropole New York steht auf der fast winzig erscheinenden Südspitze der Insel Manhattan. Heute verschwinden die spärlichen historischen Überreste fast im Schatten der gläsernen Wolkenkratzer von Banken und Versicherungen. Die hier unregelmäßig verlaufenden Straßen erinnern noch an die Frühzeit der Stadt als Hafen- und Handelsort und auch die wohl berühmteste Straße, die Wall Street, geht zurück auf jene Tage, als hier noch eine Stadtmauer verlief, die die Bewohner vor den »bösen Indianern« schützen sollte.

Als noch keine Düsenjets Besucher innerhalb weniger Stunden über den Atlantik in die Weltmetropole brachten, verlief die Annäherung an die Neue Welt viel langsamer. Nach wochenlanger, nicht ganz ungefährlicher Seereise muss es ein faszinierendes Schauspiel gewesen sein, wenn aus dem Morgennebel die Freiheitsstatue auftauchte, gerade, als wolle sie jeden Neuankömmling persönlich begrüßen, ehe die Hochhauskulisse an der Südspitze Manhattans die Blicke anzog.

Symbol für Freiheit und Demokratie

Die Freiheitsstatue ist das bekannteste Wahrzeichen New Yorks, aber nicht nur das: »Kommt alle zu mir: die Müden, die Armen, die unterdrückten Massen, die es nach freier Luft gelüstet« – so lautet die Sockelinschrift von Emma Lazarus und sie untermauert die Bedeutung der Statue weltweit als Symbol für Freiheit und Demokratie. Kein Wunder, dass die fast 34 Meter hoch gewachsene Dame, die leider nicht mehr bestiegen werden darf, als »nationales Heiligtum« gilt und die zum Nationalpark erklärte Insel eine viel besuchte Pilgerstätte ist.

Die Statue of Liberty war ein Geschenk der französischen Nation an die USA als Anerkennung von Amerikas Vorreiterrolle beim Aufbau eines modernen demokratischen Systems. Zur Hundertjahrfeier der USA, 1876, hatte man mit der Realisierung begonnen, 1884 war es dann so weit: Die von Frédéric-Auguste Bartholdi (1834 bis 1904) unter Mithilfe von Gustave Eiffel (1832–1923) geschaffene Freiheitsstatue wurde auf der Weltausstellung in Paris vorgestellt. Ein Jahr später traf sie in New York ein und wurde am 28. Oktober 1886 nach einer großen Parade von Präsident Grover Cleveland eingeweiht.

Hinter der Statue of Liberty rückt ein weiteres Wahrzeichen ins Blickfeld: Ellis Island. Zwischen 1892 und 1954 befand sich hier die wichtigste Einwandererstation der USA. Rund zwölf Millionen Immigranten aus aller Welt betraten hier erstmals amerikanischen Boden, wurden registriert, befragt, medizinisch untersucht und anschlie-

Ellis Island, das Tor zur Freiheit für Menschen unterschiedlichster Couleur.

ßend zugelassen oder abgewiesen. Nach der Schließung konnte man den Verfall und Abriss der Bauten durch die Einrichtung eines Museums 1965 aufhalten. Heute besichtigen viele US-Bürger die Insel und suchen auf der »Wall of Honor« nach den Namen von Verwandten. In den gut 60 Jahren des Betriebs sollen fast 70 Prozent aller Einwanderer hier durchgeschleust worden sein. Ein gutes Bild von den damaligen Verhältnissen erhält man im Hauptbau mit der Great Hall, der Ankunftshalle, wo das Fährbüro, der Gepäckraum, Schlafsäle, die Krankenstation und der Speisesaal als sehenswertes »Immigration Museum« wiederhergestellt wurden.

Im Zentrum der Finanzwelt

Mit dem Namen »Wall Street« verbindet man heute in erster Linie das Zentrum der amerikanischen Wirtschaftsmacht: die New York Stock Exchange. Doch die Wall Street hatte zunächst nichts mit Geld zu tun, vielmehr geht der Name auf die Stadtmauer zurück, die die ersten Siedler hier zum Schutz vor den Ureinwohnern errichtet hatten. Die Anfänge der Börse waren eher bescheiden: 1792 waren hier 24 Makler tätig, die offizielle Gründung der »NYSE« erfolgte 1817. Die Börse erlebte durchaus nicht nur Blütezeiten, sondern auch verheerende Börsencrashs, wie den »Black Friday« am 29. Oktober 1929 oder zwei »Black Mondays«, am 19. Oktober 1987 und am 29. September 2008.

Bis zum 11. September 2001 war die Börse, in der täglich für über 2000 Firmen rund 200 Millionen Aktien gehandelt werden, eine Hauptbesucherattraktion, seither ist sie für Publikum geschlossen. Dafür gibt das nur Schritte entfernte Museum of American Finance einen multimedialen Einblick in die Welt des Geldes. Steht die Börse für die amerikanische Wirtschaftsmacht, erinnert die gegenüber-

Kunstwerk am Ice Rink des Rockefeller Center.

Am Times Square schlägt das Herz der Stadt.

SHALL BE THE
OF THY
TEACHER IN EVERY ART BROUG
OVED TO MORTAL A MEANS TO

Ein Gang über die Brooklyn Bridge ist wie »Medizin für die Seele«.

liegende Federal Hall an die Geburtsstunde der Nation. Hier wurde am 30. April 1789 George Washington als erster US-Präsident vereidigt und bis zum Umzug nach Philadelphia, 1790, diente der Bau als erstes Kapitol der USA. Das heutige Gebäude stammt aus den 1830er Jahren. Im ehemaligen Zollamt, am Anfang des Broadway (Bowling Green) gelegen, wird hingegen im National Museum of American Indian an die Ureinwohner erinnert.

Brooklyn Bridge

Zu den unvergesslichen Erlebnissen eines New-York-Besuchs gehört ein Spaziergang über die Brooklyn Bridge. Von dieser ältesten New Yorker Brücke bieten sich spektakuläre Ausblicke auf die Skyline an der Südspitze Manhattans, und man sagt ihr sogar heilsame Wirkung nach: Der Dichter Walt Whitman schwärmte bereits vor ihrer Fertigstellung, 1878, von der Brücke als »beste und wirkungsvollste Medizin, die meine Seele bisher genossen hat«.

Doch nicht alle Zeitgenossen waren seiner Meinung. Als nämlich 1883 die Brooklyn Bridge als erste und größte Hängebrücke aus Stahl – vier Jahre vor der Golden Gate Bridge in San Francisco – offiziell eröffnet wurde und Ingenieure, Künstler und Fotografen das »technische Wunderwerk« in höchsten Tönen priesen, hatten viele Menschen Angst, über die 40 Meter hoch über dem East River schwebende Brücke zu gehen. Dabei stellte sie doch endlich eine sichere Verbindung zwischen den damals noch unabhängigen Städten Manhattan und Brooklyn dar. Zuvor war man auf wetterabhängige Fähren angewiesen gewesen, jetzt konnten sogar Pferdefuhrwerke, Straßenbahnen und Fußgänger auf verschiedenen Spuren und »Etagen« mühelos den Fluss überqueren.

Schon damals war man von der deutschen Präzisionsarbeit angetan, schließlich stammten die Pläne von dem Thüringer Ingenieur und Erfinder des Drahtseils, Johann August Röbling, und dessen Sohn Washington. Nachdem Röbling senior drei Monate nach Baubeginn an Wundstarrkrampf verstorben und sein Sohn 1872 durch einen Unfall ums Leben gekommen war, hatte Washingtons Frau Emily die Bauaufsicht übernommen und den revolutionären Brückenbau zu Ende gebracht.

Downtown – New Yorks bunte Vielfalt

Chinesische Kramerläden, italienische Pizzerien, ausgeflippte Boutiquen, »Delis« mit Feinkost und biologischen Produkten, trendige Lokale, billige Studententreffs und Cafés – in dem nur relativ kleinen Bereich nördlich der Canal Street versammeln sich die verschiedensten Welten auf engstem Raum. Oberflächlich betrachtet, wirkt New York im Bereich zwischen den Skyscrapers der Südspitze und der zweiten Konzentration in Midtown, also von der Canal bis etwa zur 30th Street, wenig spektakulär. Große Sights sind hier Mangelware, doch dafür pulsiert hier das Leben. Hier arbeiten die Menschen nicht nur, hier leben sie auch, und zwar in ganz unterschiedlichen faszinierenden Vierteln: in ethnisch geprägten wie Chinatown oder Little Italy, in historisch gewachsenen wie der Lower East Side oder Gramercy, in Künstler- und Aussteigervierteln wie Greenwich Village, East Village oder SoHo oder aber in hippen Trendvierteln wie TriBeCa oder Chelsea.

Die Grenzen zwischen den einzelnen Neighborhoods zerfließen, doch die Hauptachsen bleiben die gleichen: der Broadway, der diagonal nordwärts das regelmäßig-rechtwinklige Straßenraster durchschneidet, sowie als Ost-West-Querachsen die Canal, die Houston und die 14th Street. Bis Mitte des 17. Jahrhunderts bildete die Steinmauer an der Wall Street die Stadtgrenze, und jenseits davon lag das Farmland der Großgrundbesitzer, die »bouweries«. Nach Jahren unkontrollierten Wachstums entschied man sich 1811, die Idee des Stadtbaumeisters John Randall aufzugreifen und alle Straßen nördlich der Houston Street nach einem Rasterprinzip durchzunummerieren, mit Ausnahme des Broadways. Im Zentrum von Downtown New York liegt das berühmte Greenwich Village, »Grännitsch« gesprochen, meist aber nur kurz »Village« genannt. »Greenville Village ist wie Schwabing plus Montmartre im Quadrat«, meinte einmal der deutsche Immigrant und Schriftsteller Hermann Kesten. Im 20. Jahrhundert war aus dem vormals verschlafenen Dorf ein Sammelpunkt der Boheme, der Künstler und Aussteiger, der Studenten und Homosexuellen, der Avantgarde und der Exzentriker geworden.

Die Hauptachse, Christopher Street, ist wegen der »Christopher Street Day Parade« weltberühmt geworden. Mit diesem im Juni stattfindenden Umzug feiert sich inzwischen nicht mehr ausschließlich die LGBT-Szene von New York, doch ihr ist es zu verdanken, dass in den späten 1960er Jahren der

In New York versammeln sich die verschiedensten Welten auf engstem Raum.

Mief der konservativen Umwelt abzog. In die Schlagzeilen geriet das Viertel mit seinen Bewohnern wegen der »Stonewall Riots« 1969. Damals hatte man kurzerhand die Polizei im Stonewall Inn, einer Homosexuellenbar, eingesperrt, weil sie die Schließung des beliebten Lokals plante.

Midtown – der Kern des »Big Apple«

Nirgendwo sonst in New York konzentrieren sich so viele Attraktionen und Wahrzeichen auf einem so engen Areal wie in Midtown. Vom geschäftigen Times Square mit seinen flimmernden Reklametafeln und dem ihn umgebenden Theaterdistrikt über die Shoppingmeile Fifth Avenue, von Macy's und MoMA bis hin zum Empire State Building, der Radio City Music Hall und dem Rockefeller Center – die Vielfalt ist grenzenlos.

Midtown gilt zu Recht als das Kerngehäuse des »Big Apple«, und das nicht allein, weil es im Zentrum Manhattans liegt. Es ist vielmehr die Ballung von Attraktionen, Geschäften, Museen, Theatern, Restaurants und Hotels in dem Areal zwischen 34th und 59th Street. Dieses setzt sich, genau genommen, aus mehreren Teilen zusammen: Lower Midtown mit dem Garment District und Murray Hill als Pufferzone nach Süden, mit dem Times Square, dem Theater District und dem UN-Komplex, sowie Upper Midtown um das Rockfeller Center und mit der Fifth Avenue, die bis hinauf zum Central Park reicht.

Für die »Summe und Krönung aller Marktplätze und Tingeltangelstraßen in Amerika« hielt der Schriftsteller und Mitbegründer der Beatgeneration, Jack Kerouac, den Times Square, der eigentlich nur Kreuzungspunkt mehrerer Straßen ist: Hier verschmilzt der Broadway über vier Blocks, von der 42nd bis 46th Street, mit der 7th Avenue, ehe er am Times Square wieder seinen eigenen Weg geht. Seinen Namen erhielt der Platz 1904, als hier die »New York Times« ihr Zeitungsbüro eröffnete – heute ist sie an der Ecke 42nd Street/8th Avenue in einem spektakulären Neubau von Renzo Piano zu Hause. Bekannt wurde der Time Square jedoch erst 1928, als die Zeitung ein großes Display-Nachrichtenband am Hochhaus installierte. Seit 1907 fällt hier pünktlich zum Jahreswechsel ein Leuchtball aus 23,5 Metern Höhe herab. Heute hat dieser Aluminiumball einen Durchmesser von 1,80 Metern, ist computergesteuert, illuminiert und mit über 500 Waterford-Kristallen bestückt.

Upper Midtown, das Areal zwischen Rockefeller Center und Central Park, ist das geschäftige Touristenzentrum der Stadt. Im Bereich zwischen Park Avenue und Broadway, speziell an der Luxusmeile »5th Ave«, reihen sich die exklusivsten Geschäfte, Restaurants und Cafés aneinander und – als kulturelles Highlight – hat sich das weltberühmte »Neue MoMA« dazwischen geschmuggelt. Angelpunkte sind die Grand Army Plaza an der Südostecke des Parks sowie der Columbus Circle, wobei im Umkreis von Letzterem noch einmal die Architektur – wie das Time Warner Center, das Museum of Arts and Design, der Hearst Tower und das Lincoln Center – dominiert, ehe man ins Parkgrün eintaucht.

Wahrzeichen New Yorks: Chrysler Building, Yellow Cabs und der Central Park

Uptown – Manhattans Nordteil

Uptown, der größte Teil der Insel Manhattan, erstreckt sich von der 59th Street bis hinauf zur Nordspitze und ist voller Kontraste: Einerseits befinden sich hier die mondänen Wohnviertel der Upper East und West Side mit von Stars bewohnten Edelpalästen wie dem Dakota Building oder dem San Remo, andererseits die Armenviertel East Harlems. Hier das Studentenviertel um die Columbia University, dort das pulsierende afroamerikanische Harlem, und historische Wohnviertel wie Hamilton oder Washington Heights kontrastieren zu dem imposanten Kloster, »The Cloisters«, einer Dependance des Metropolitan Museum. Im Zentrum befindet sich der berühmteste Stadtpark der Welt, der 1873 eröffnete, rund vier Kilometer lange und 800 Meter breite Central Park. Er bildet eine angenehm kühle, grüne Oase, ist Spiel- und Sportplatz, Treffpunkt und Sonnenbank in einem. Vor allem den Bereich südlich dieses Reservoirs lohnt es zu erkunden. Östlich und westlich wird der Park von der »Museumsmeile« mit ihrer weltweit einmaligen Konzentration von Kultureinrichtungen gesäumt. Ganz oben auf der Besichtigungsliste sollten das Metropolitan Museum of Art, das Guggenheim Museum und das Museum of Natural History stehen.

Für Kunstinteressierte ermöglichen zudem das etwas abseits gelegene Whitney Museum of American Art oder die Neue Galerie Museum for German and Austrian Art interessante Entdeckungen, während das Museum of the City of New York den Besuchern wertvolle historische Hintergrundinformationen liefert.

Die Boroughs oder das »andere« New York

Zugegeben, Manhattan allein bietet ein volles Programm, doch ohne einen Abstecher in zumindest einen der vier anderen Boroughs – Brooklyn, Queens, Bronx oder Staten Island – wäre das Bild unvollständig. Locken in Brooklyn und Queens interessante, ethnisch bunte Viertel, ist es in der Bronx der berühmte Zoo oder das Yankee Stadium, und auf Staten Island kann man ins »ländliche New York« mit malerischen Dörfern und Weingütern eintauchen.

1898 war ein einschneidendes Jahr für New York City: Damals wurden die Bronx, Queens, Brooklyn und Richmond – Letzteres 1975 in »Staten Island« umbenannt – in die vormals nur aus der Insel Manhattan bestehende

Die Museum Mile in Uptown ist legendär: links das Metropolitan und rechts das Guggenheim Museum.

Nach langem Dornröschenschlaf erlebt Harlem derzeit eine neue Blüte.

»New York City« eingemeindet. Der größte Teil der Metropole liegt auf Inseln und war somit von jeher flächenmäßig begrenzt. Einzige Ausnahme ist die Bronx, die sich auf dem Festland befindet. Jenseits des East River liegt Long Island – »The Island« – eine rund 190 Kilometer lange Atlantikinsel, die durch den Long Island Sound vom Festland abgetrennt ist und deren westlichen Teil Brooklyn und Queens ausmachen. An der Mündung von Hudson und East River in den Atlantik erstreckt sich mit Staten Island der fünfte Stadtteil New Yorks.

Wein, Lederstrumpf und donnernde Wassermassen

New York City bildet die südöstliche Spitze des gleichnamigen Bundesstaats, der sich in Form eines Dreiecks von der Atlantikküste bis zu den Großen Seen (Lake Ontario) und hinauf bis nach Kanada erstreckt. Prägend im Landesinneren des sogenannten Empire State ist das Tal des Hudson River, und dort befindet sich auch die Hauptstadt Albany. Zusammen mit dem Adirondackgebirge – mit dem über 1600 Meter hohen Mount Marcy als höchstem Berg – trennt das Flusstal den schmalen östlichen von dem sich bis zum Lake Ontario ausbreitenden westlichen, von Seen und Wäldern geprägten Teil des Bundesstaats.

Nahe dem Ufer des Lake Ontario, zwischen Rochester und Syracuse, liegen die Finger Lakes, eine bekannte Weinregion, in der bereits seit über 50 Jahren Wein produziert wird. New York gilt mittlerweile als drittgrößter Weinproduzent in den USA nach Kalifornien und Washington State mit über 230 Kellereien. Literarisch berühmt geworden ist die Seenregion durch die Lederstrumpf-Romane, denn hier war der Autor James F. Cooper nicht nur zu Hause, sondern hier siedelte er auch die meisten Abenteuer seines Helden an.

Hauptattraktion von New York State sind jedoch die weltberühmten Niagarafälle. Die donnernden Wassermassen bei Buffalo, an der Grenze zur kanadischen Provinz Ontario, zählen zu den größten Naturwundern der Welt und lassen sich am spektakulärsten an Bord der »Maid of the Mist«, einer Reihe von Booten, die sich den Fällen auf Tuchfühlung nähern oder unter ihnen durchfahren, bewundern. Genau genommen handelt es sich nämlich um zwei Wasserfälle: die rund 640 Meter breiten Horseshoe Falls in Kanada und die »nur« 330 Meter messenden American Falls. Genau in der Mitte, auf amerikanischem Gebiet, befindet sich Goat Island, die Ziegeninsel. Pro Minute schießen rund 150 Millionen Liter Wasser aus dem Eriesee über die Felswände etwa 40 Meter tief hinab, um wild schäumend weiter zum Ontariosee, dem östlichsten der Great Lakes, zu fließen. Beeindruckend ist das Schauspiel noch immer, auch wenn Wasserkraftwerke und der Saint Lawrence Seaway, der seit 1959 über rund 3700 Kilometer die fünf Großen Seen mit dem Atlantik verbindet, das Naturwunder gebändigt haben.

Wissenswertes

Unterkunft

Ein spezieller Übernachtungstipp ist das Strange Dog Inn in Brooklyn (www.strangedoginn.com).

Kulinarisches

Das kulinarisch-ethnische New York lässt sich prima bei einer Enthusiastic Gourmet Tour entdecken (www.enthusiasticgourmet.com).

Veranstaltungen

- Der New York Marathon Anfang November (*www.nycmarathon.org*);
- ein Baseballspiel in den neuen Stadien der Yankees oder Mets (www.yankees.com und www.mets.com).

Übernachten im Grünen: im Strange Dog Inn in Brooklyn

Buchtipp

Margit Brinke und Peter Kränzle, City Guide New York City, Reise Know-How Verlag, 2009.

Nicht versäumen

- Fahrt mit der Staten Island Ferry (www.siferry.com);
- Sonnenuntergang an der Brooklyn Promenade;
- Ausflug nach Coney Island (Brooklyn), inklusive Hot Dogs bei Nathan's (www.nathansfamous.com);
- Statue of Liberty (www.nps.gov/stli) und Ellis Island (www.nps.gov/elis);
- Abstecher zu den Niagara Falls (www.niagara-usa.com).

Auch Karl May stand im Herbst 1908 beeindruckt vor den tosenden Wassermassen der Niagarafälle.

WYNDHAM
PSFS

Pennsylvania, William Penns »Holy Experiment«

William Penn träumte im 17. Jahrhundert von einem Staat, in dem Menschen unterschiedlichster Herkunft und Religion friedlich zusammenleben. Davon, dass seine Vision Wirklichkeit geworden ist, können sich Besucher in Pennsylvania heute selbst überzeugen. Der Bundesstaat bietet darüber hinaus einen faszinierenden Mix aus umtriebigen Metropolen und beschaulichen Dörfern, unberührten Natur- und gewachsenen Kulturlandschaften.

Philadelphia präsentiert sich heute als moderne Kulturmetropole mit einer faszinierenden Mischung aus historischem Erbe und beeindruckender moderner Architektur.

Das grüne Hinterland von Pennsylvania bietet ein Kontrastprogramm zur geschäftigen Metropole Philadelphia.

Die alte Stahlstadt Pittsburgh am Zusammenfluss von Allegheny, Monongahela und Ohio River hat sich zur glitzernden Metropole gewandelt.

Im Dutch Country laufen die Uhren noch heute langsamer. Mennoniten und Amish pflegen hier weiter ihren alten Lebensstil.

Der Traum von einer besseren Welt

Wieder einmal war König Charles II. nicht flüssig, allerdings wollte er die 16000 Pfund Schulden endlich vom Tisch haben. Kurzerhand überschrieb der englische König deshalb 1681 William Penn (1644–1718), dessen Vater ihm einst mit dieser Summe aus einer finanziellen Patsche geholfen hatte, rund 520 Hektar Land im fernen Nordamerika. Penn, Anführer einer kleinen Gruppe von Quäkern aus England, nahm die Landparzelle zwischen Delaware und Schuylkill River dankend an, schließlich konnte er hier endlich zusammen mit seinen Glaubensbrüdern den Traum von einer besseren Welt verwirklichen.

Wie ernst es Penn damit war, zeigte sich schnell: Zunächst verhandelte er mit den hier lebenden Susquehanna-Indianern und entschädigte sie als die eigentlichen Landbesitzer für die königliche Schenkung. Dann arbeitete er 1701 die »Charter of Privileges« aus, die allen Gruppen, die sich auf seinem Grund und Boden ansiedeln wollten, religiöse Freiheit garantierte. Als Quäker kannte Penn die Probleme Andersgläubiger nur zu genau, denn die »Religious Society of Friends«, wie die Quäker genannt wurden, war in England unterdrückt und verfolgt worden. Penns »Holy Experiment« sprach sich rasch herum und zahlreiche in Europa verfolgte und unterdrückte religiöse Gruppen, darunter die Mennoniten und die sich von ihnen abgespaltenen Amish, suchten hier Zuflucht.

Philadelphia – »Stadt der brüderlichen Liebe«

Penns Vision von einem Staat, in dem Menschen unterschiedlicher Herkunft

Blick vom Schuylkill River auf die Skyline von Philadelphia

und Religion friedlich zusammenleben, blieb nicht auf einzelne, verstreute Siedlungen beschränkt. Schon 1682 war mit Philadelphia am Zusammenfluss von Schuylkill und Delaware River eine städtische Metropole entstanden. 1701 hatte sich Philadelphia, die aus dem Griechischen so benannte »Stadt der brüderlichen Liebe«, mit 4500 Einwohnern zum neuen Zentrum der Kolonien gemausert und genoss den Ruf als »Athens of the Americas«. Im Laufe des 18. Jahrhunderts wuchs sie weiter an und avancierte zur zweitgrößten englischsprachigen Stadt nach London. Universalgenie und Politiker Benjamin Franklin (1706–1790) hatte wesentlichen Anteil am kulturellen Anspruch der Stadt: Er gründete unter anderem 1726 die erste Zeitung, 1731 die erste Bibliothek und 1740 die erste Universität.

Philadelphia gilt in den USA als die »Wiege der Nation«. Hier kam 1774 der erste Kontinentalkongress zusammen und erklärte die 13 britischen Kolonien zwei Jahre später, am 4. Juli, mit der »Declaration of Independence« für unabhängig. 1787 traf sich in der Independence Hall die Constitutional Convention, um die bis heute gültige Verfassung zu formulieren, und von 1790 bis zur Fertigstellung der neuen Hauptstadt Washington, 1800, fungierte Philadelphia als Bundeshauptstadt der jungen Nation.

Noch heute erinnert viel an die ruhmvolle Vergangenheit, doch Philadelphia hat sich zugleich zur modernen und lebhaften Stadt entwickelt, zur fünftgrößten in den USA nach New York, Los Angeles, Chicago und Houston. Bis in die frühen 1980er Jahre galt der Turm der 1901 erbauten City Hall mit seiner über zehn Meter großen Statue von William Penn als Bekrönung als höchster Bau der Stadt. Dann überrundete ihn 1987 höhenmäßig der moderne Wolkenkratzer »One Liberty Place« von Helmut Jahn (288 m), der 1990 um den etwas niedrigeren Two Liberty Place ergänzt wurde. Seit 2008 ist das Comcast Center vom Reißbrett der Robert A. M. Stern Architects mit 297 Metern das höchste Gebäude Philadelphias.

Die Independence Hall in Philadelphia

Das geistige Zentrum der Unabhängigkeit

Die historischen Bauten in der Stadt bilden den »Independence National Historical Park« und fungieren als »Pilgerstätte der Demokratie«. Erster Anlaufpunkt sollte das Independence Visitor Center sein, wo es außer Gratis-Tourtickets Ausstellungen, Filmvorführungen und vielerlei Informationen gibt. Erster Besichtigungspunkt ist das Liberty Bell Center, in dem jene Glocke hängt, die 1776 zur Verkündigung der Unabhängigkeitserklärung läutete und so zum Freiheitssymbol der westlichen Demokratie wurde.

In der Independence Hall wurde 1776 die Unabhängigkeitserklärung und 1787 die Verfassung unterzeichnet. In der benachbarten Congress Hall traten dann von 1790 bis 1800 Senat und Repräsentantenhaus zusammen, und die Old City Hall fungierte damals als Sitz des Obersten Gerichtshofs. In dem nachträglich angebauten Glockenturm hing ursprünglich die Liberty Bell. Eine eindrucksvolle Einführung in die Geschichte und Bedeutung der ältesten, immer noch gültigen demokratischen Verfassung erhält man im modernen National Constitution Center. Eine anschauliche Ausstellung, eine etwas dramatische Liveshow sowie 42 lebensgroße Bronzestatuen jener Politiker, die am 17. September 1787 die Verfassung unterzeichneten, hinterlassen einen nachhaltigen Eindruck.

Spezialitäten, Kunst und Kultur

In der Rangfolge der beliebtesten Sights in Philadelphia dürfte der Reading Terminal Market, einer der bestsortierten Märkte in den USA, gleich nach dem Independence Park folgen. Neben regulären Marktständen und den Spezialitäten der Amish aus dem nahen Dutch Country – Wurst und Käse, Backwaren und Eingemachtes, aber auch Handwerksartikel – gibt es in der 1892 eröffneten Markthalle zahlreiche Imbissstände. Harry G. Ochs Meats eröffnete seine Metzgerei

Philadelphias altehrwürdige Kaufhäuser …

… laden zum Päuschen ein.

1906 und Bassett's produziert sogar schon seit 1861 Speiseeis. Spezialitäten der Stadt sind das Philly Cheese Steak (ein Steaksandwich), Soft Pretzels (weiche bayerische Brezen) oder der Hoagie (ein dick belegtes Sandwich). »Philly« gibt sich auch sonst bunt, lebhaft und vielseitig, hat attraktive Neighborhoods und Shoppingzentren, Klubs und Bars, Kunst und Kultur zu bieten. Rund 2500 Wandbilder haben der Stadt zudem den Beinamen »Mural Capital of the World« eingebracht. Entlang dem Benjamin Franklin Parkway, der vom Rathaus zum Fairmount Park, dem weltgrößten Stadtpark, führt, stehen aus einer Liste von insgesamt rund 50 Museen verschiedenster Genres, mehrere interessante in nächster Nachbarschaft: die Academy of Natural Sciences, das Franklin Institute Science Museum, das Philadelphia Museum of Art – gegründet zur Weltausstellung 1876 und heute die drittgrößte Kunstsammlung der USA – und das Rodin Museum. Berühmt ist auch das Philadelphia Orchestra, das in dem spektakulären Kimmel Center for the Performing Arts im Süden der Stadt zu Hause ist. Eine ungewöhnliche Verbindung gehen das deutsche Element und die Bedeutung Philadelphias als Wiege der Demokratie in der »City Tavern« ein. In diesem zu den ältesten der Neuen Welt zählenden Restaurants trafen sich schon 1773 legendäre Politiker wie George Washington, Thomas Jefferson oder John Adams zu frisch gezapftem Bier und deftigem Mahl. 1994 übernahm der deutschstämmige Walter Staib die Taverne. Er legt Wert auf stilechtes historisches Ambiente und zeitgenössisch gekleidetes Personal, ließ die koloniale Küche wieder aufleben und schaffte eine gelungene Symbiose mit der ihm bekannten deutschen Hausmannskost.

Geschichtsträchtiges Umland

Nicht allein Philadelphia lohnt einen Besuch, auch im Umland wechseln sich historische Stätten und beschauliche Kulturlandschaften ab. Entlang dem Delaware River, südlich von Philadelphia, befinden sich zahlreiche Kriegsschauplätze des Unabhängigkeitskriegs. Der berühmteste Ort liegt jedoch etwa 30 Kilometer im Nordwesten der Stadt: Der Valley Forge National Historic Park erinnert an das Lager der von George Washington geführten Revolutionsarmee im Winter 1777/78. In jenen kalten Monaten hatte sich nämlich das Schicksal der aufsässigen Kolonien entschieden. War man zuvor noch den altgedienten britischen Truppen hoffnungslos unterlegen gewesen, nutzte der ehemalige preußische Offizier Friedrich Wilhelm von Steuben die Kriegspause, um aus einem wilden Freischärlerhaufen eine schlagkräftige Armee zu formen, die 1781 die Briten in die Knie zwang.

Kontrastprogramm bietet das im Südwesten gelegene Brandywine River Valley. An dem Nebenfluss des Delaware steht mitten im Grünen nicht nur das ungewöhnliche Brandywine River Museum mit sehenswerten Bildern des lokalen Künstlers N. C. Wyeth, sondern befinden sich auch die botanisch beeindruckenden Longwood Gardens und die Probierstube der renommierten Chaddsford Winery. Von hier ist es dann auch nur noch ein Katzensprung ins Dutch Country, in die Heimat der deutschstämmigen Amischen – ein Ausflug in eine ganz andere Welt.

Das deutsche »Pennsylvanien«

Im Laufe des 17. und 18. Jahrhunderts florierte in Pennsylvania die Zuwanderung aus dem deutschsprachigen Raum. Den Anfang machte 1683 Franz Daniel Pastorius mit 13 Familien aus Krefeld. Sie gründeten »Germantown«, die erste deutsche Siedlung in der Neuen Welt; sie liegt heute rund zehn Kilometer vom Stadtzentrum entfernt in einem Vorort Philadelphias. Das deutsche Erbe wird in Philadelphia vor allem von der German Society of Pennsylvania wachgehalten. 1764 als Hilfsverein für Einwanderer gegründet, dient sie heute als Kulturinstitut, Bibliothek, Veranstaltungsort und Anlaufstelle für alle Deutschstämmigen.

Etwa 40 Prozent der Siedler Pennsylvanias waren deutscher Herkunft – heute ist es immerhin noch rund ein Viertel! – und bei der Mehrzahl handelte es sich um Mitglieder der Wiedertäufer-Gemeinschaften der Mennoniten und der Amish. Sie sind es auch, die noch heute die »pennsylfaanische Sprache«, einen Altpfälzer Dialekt mit amerikanischem Einschlag, aber auch deutsche Traditionen und Bräuche pflegen. Sie leben vor allem westlich von Philadelphia in der Lan-

Philadelphia ist bis heute stolz auf seine Rolle im amerikanischen Unabhängigkeitskrieg.

Selbst im 21. Jahrhundert lehnen die Amischen die meisten modernen Errungenschaften ab.

caster County, im Dutch Country, wobei »Dutch« nicht die Holländer meint, sondern auf eine Verballhornung des Wortes »deutsch/deitsch« zurückgeht. Sie leben meist verstreut auf Gehöften oder in kleinen Dörfern. Je nach den Regeln des spezifischen »Orders« haben sie ihre altmodische Lebensweise ohne Strom, Telefon, moderne Elektronik und Unterhaltung, Mode und Autos mehr oder weniger konsequent beibehalten.

The Amish Experience

Ursprünglich war die Region reines Agrarland, auf dem die Amish People traditionell Milchbetriebe unterhielten und Viehzucht betrieben. Sie sind bis heute die Hauptlieferanten von Milch an die Schokoladenfabrik Hershey's, die im nahen Hershey ihren Hauptfirmensitz unterhält. Allerdings verliert in letzter Zeit die Landwirtschaft zunehmend an Bedeutung, und das Land wird in zunehmendem Maße zum begehrten Baugrund für Städter. Neubausiedlungen schießen aus dem Boden, und Farmen geben die Viehhaltung auf. Mehr und mehr mennonitische und amische Familien wenden sich dem florierenden Tourismus oder der erträglicheren ökologischen Landwirtschaft zu. Man produziert vermehrt Kunsthandwerk, bietet hausgemachte Produkte auf Märkten und in Läden an, verkauft Obst und Gemüse vom Hof oder arrangiert Kutschfahrten und Mittagstisch für Besucher.

Noch gelingt es recht gut, die Neubausiedlungen, Malls und »amischen Vergnügungsparks« zu übersehen. Noch gleicht die Fahrt durch diese Region einer Reise in die Vergangenheit, in eine friedliche, ruhige Landschaft mit gepflegten Bauernhöfen, in deren Gärten die Wäsche im Wind flattert und statt Autos Buggys und Pferde vor dem Haus stehen. Auf den Straßen begegnen einem die kleinen schwarzen, von nur einem Pferd gezogenen Gefährte oder Frauen und Kinder flitzen auf Rollern, Rollschuhen oder Fahrrädern von Gehöft zu Gehöft. Einen Einblick in das Leben und die Geschichte der Amischen erhält man

Friedrich Wilhelm von Steuben

Es war am 19. Dezember 1777, zu Beginn des Unabhängigkeitskriegs, als 12 000 Soldaten der aufständischen Kolonien in Valley Forge, im Hinterland von Philadelphia, ihr Winterlager aufschlugen. Ende August war Sir William Howe, der britische Oberbefehlshaber, an den oberen Teil der Chesapeake Bay vorgestoßen, hatte die Freischärler bei Brandywine besiegt und Philadelphia besetzt.

Bei einbrechendem Winter suchte Oberbefehlshaber George Washington einen Lagerplatz nahe der britischen Truppen und fand ihn 25 Kilometer nordwestlich in Valley Forge. In strategisch günstiger Lage, am Schuylkill River, schlug man hier bei eisigen Temperaturen, mit wenig Proviant und unzureichender Bekleidung ausgestattet ein Lager auf. Um die Moral der Soldaten zu stärken und vor allem, um ihre militärischen Fähigkeiten effektiv zu schulen, war der ehemalige preußische Offizier aus der Armee Friedrich des Großen, Friedrich Wilhelm Baron von Steuben, im Februar 1778 mit einem Empfehlungsschreiben von Benjamin Franklin, zur Armee der Aufständischen gestoßen.

1730 in Magdeburg geboren, trat von Steuben 17-jährig in die preußische Armee ein und machte schnell Karriere. 1763 schied er im Rang eines Hauptmanns aus dem Militärdienst aus. Warum er entlassen wurde, ist unbekannt. Ein Jahr später trat er als Kammerherr in den Dienst des Prinzen von Hohenzollern-Hechingen. Auf alle Fälle war von Steuben über das Ende seiner Militärkarriere enttäuscht, zumal er und »sein« Prinz auch finanziell am Abgrund standen. 1777 gelang es dem Preußen, den in Paris weilenden Benjamin Franklin von seinen Fähigkeiten als Militärexperte zu überzeugen. Franklin empfahl ihn Washington und so tauchte von Steuben 1778 in Valley Forge auf – ohne ein Wort Englisch zu sprechen. Washington ernannte von Steuben zum »Inspector General«, und dieser machte sich gleich ans Werk: Er formte eine Musterkompanie von hundert Soldaten und drillte sie eigenhändig nach preußischer Manier. Mithilfe dieser Mustertruppe konnte innerhalb kürzester Zeit eine schlagkräftige Armee gebildet werden.

Die Kampfkraft der von ihm ausgebildeten Kompanie stellte von Steuben am 20. Mai 1778 in Barren Hill und wenig später in der Schlacht beim Monmouth Courthouse (New Jersey) unter Beweis. Auch in der entscheidenden Schlacht bei Yorktown 1781 waren seine Trainingsmethoden und seine strategischen Fähigkeiten von wesentlicher Bedeutung. Gewürdigt wurde seine Leistung 1784 mit dem Rang eines Generalmajors und der Anerkennung als amerikanischer Staatsbürger. Der Preuße hatte ein Handbuch verfasst, das bis ins 19. Jahrhundert hinein im Militär Verwendung fand. Als er 1794 im Staat New York starb, war er zur Legende geworden. Heute erinnert die Steuben-Parade in New York nicht nur an den General, sondern dient zugleich als Festtag der Deutschamerikaner.

Der preußische General von Steuben drillte einst die Truppen der Unabhängigkeitsarmee.

im Freiluftmuseum »Amish Experience« in der kleinen Ortschaft Bird-in-Hand nahe Lancaster, dem Hauptort des Dutch Country. Dazu gehören ein Inn und ein Restaurant, es werden Buggyfahrten angeboten und ein Film vorgeführt. Im Landis Valley Museum, einem weiteren Open-Air-Museum nahe Lancaster, vermitteln über hundert historische Gebäude aus der Gegend – Farmen, Werkstätten und Bauernhäuser – das Bild einer kleinen von Deutschen besiedelten Ortschaft im ländlichen Pennsylvania aus der Zeit von etwa 1740 bis 1940. Authentischer wirkt das südlich von Lancaster gelegene Hans Herr House. Es handelt sich um das Gehöft einer deutschen Mennonitenfamilie aus dem frühen 18. Jahrhundert, das älteste erhaltene Haus im ganzen Landkreis.

»... these dead shall not have died in vain ...«

Am trüben 19. November 1863 hatte sich eine Trauergemeinde auf dem Friedhof des ehemaligen Schlachtfelds von Gettysburg versammelt, um der Rede von Abraham Lincoln zu lauschen: »... diese Toten sollen ihr Leben nicht umsonst verloren haben ...« – aus nur 272 Worten bestand die zweiminütige Rede des Präsidenten, doch dieser eine Satz blieb im Gedächtnis haften. Eine gewisse Zuversicht machte sich breit, schließlich hatte Lincoln nicht nur die Opfer des Bruderkriegs der jungen Nation bedauert, sondern zugleich, wohlgemerkt zwei Jahre vor Kriegsende, gegenüber den Südstaaten versöhnliche Worte gefunden. Kein Wunder, dass

Präsident Lincolns Rede nach der Schlacht von Gettysburg ist bis heute unvergessen.

Lincolns »Gettysburg Address« bis heute einen festen Platz in amerikanischen Geschichtsbüchern einnimmt. Gettysburg, ein Nest im Süden Pennsylvanias, war vor dem Bürgerkrieg ein unbeschriebenes Blatt. Heute ist der Gettysburg National Military Park hingegen eine Top-Besucherattraktion im Osten. Abertausende von Menschen pilgern Jahr für Jahr dorthin, um das beeindruckende Schlachtfeld zu sehen und in die amerikanische Geschichte einzutauchen. Hier hatten sich vom 1. bis 3. Juli 1863 Konföderierte und Unionstruppen eine der blutigsten Schlachten des Bürgerkriegs geliefert. Diese Begegnung markierte den Wendepunkt, denn von der erlittenen Niederlage erholten sich die Südstaaten nicht mehr und mussten schließlich am 9. April 1865 im Appomattox Court House (Virginia) kapitulieren.

Eher zufällig waren am 30. Juni 1863 eine Armee der Südstaaten unter Oberbefehlshaber Robert E. Lee und die ihnen gefolgte Union Army of the Potomac unter General George Gordon Meade bei Gettysburg aufeinandergestoßen. Lees Truppen konnten sich zunächst behaupten, doch am 3. Juli erfolgte der entscheidende Generalangriff. Nach zweistündigem Kanonenfeuer griffen 12 000 Südstaatler auf offenem Feld die Verteidigungsgräben der Union an. Die als »Pickett's Charge« in die Geschichtsbücher eingegangene Attacke kostete über 5000 Soldaten in nur einer Stunde das Leben und endete für die Konföderierten in einem Desaster.

Zwar setzten sie sich noch bis 1865 zur Wehr, doch Gettysburg stellte neben der Eroberung von Vicksburg und Atlanta durch die Union eine Wende im Bürgerkrieg dar. Beide Seiten verzeichneten an die 50 000 Tote, Verwundete und Vermisste. Der Schock saß tief, so tief, dass bereits wenige Tage nach der Schlacht der Gouverneur von Pennsylvania dazu aufrief, das Schlachtfeld zur Gedenkstätte umzufunktionieren und zu deren Eröffnung Präsident Lincoln einlud.

»Und noch zehn Minuten bis Buffalo ...«

»Die ›Schwalbe‹ fliegt über den Eriesee,/ Gischt schäumt um den Bug wie Flocken von Schnee;/ von Detroit fliegt sie nach Buffalo ...« Dank Theodor Fontanes Gedicht »John Maynard« von 1886 ist der Lake Erie manchem Literaturfreund ein Begriff. Obwohl die Fähre letztlich Feuer fing, erreichte das Schiff dank des erfahrenen Steuermanns John Maynard schließlich doch Buffalo. Alle werden gerettet, »Nur einer fehlt!/ ... er starb für uns, unsre Liebe sein Lohn./ John Maynard.«

Fontanes Ballade beruht auf einer wahren Schiffskatastrophe, die sich in der Nacht zum 9. August 1841 auf dem Lake Erie ereignete. Tatsächlich hatte der Raddampfer »Erie« jedoch nicht Buffalo angesteuert, sondern die Stadt gerade verlassen, als falsch gelagertes, entflammbares Material in Brand geriet. Obwohl die Küste nur rund 15 Kilometer entfernt war, erreichte – anders als in Fontanes Ballade – das Schiff das rettende Ufer nicht. Von den rund 200 Menschen an Bord, darunter viele deutschsprachige Einwanderer, wurden nur 29 gerettet. Die Schiffskatastrophe rückte Erie damals ins Rampenlicht, heute gilt die etwa 100 000 Einwohner zählende Hafenstadt und viertgrößte Metropole des Bundesstaats Pennsylvania eher als touristischer Geheimtipp.

Wer weiß schließlich schon, dass Pennsylvania, einer der 13 Gründerstaaten an der Ostküste, über einen circa 80 Kilometer langen Uferstreifen am Lake Erie verfügt? Ursprünglich von Irokesen besiedelt, entstand Ende des 18. Jahrhunderts dort eine erste weiße Siedlung, doch einen Boom erlebte die Stadt erst im Laufe des 19. Jahrhunderts als Hafen und Eisenbahnknotenpunkt.

Inzwischen versucht Erie von seinem Ruf als Industriestandort loszukommen, nur die Lokomotivenfabrik von GE (General Electric) ist als Großbetrieb übrig geblieben. »Revitalisie-

Eindrucksvoller historischer Ort: der Gettysburg National Military Park

Bildung und Kultur werden in Pittsburgh seit Carnegie großgeschrieben.

rung« heißt heute das Zauberwort, und die Innenstadt hat in den letzten Jahren erheblich an Attraktivität gewonnen. Zu den kulturellen Highlights in Downtown zählt das Warner Theatre, 1931 eröffnet und unlängst neu renoviert. Es lockt nicht nur Musikfreunde zu den Konzerten des Erie Philharmonic Orchestra, auch die Broadway Shows dort gehören zu den Highlights. Die Hauptattraktion der Stadt ist jedoch mit vier Millionen Besuchern jährlich der Presque Isle State Park mit seinen Sandstränden und Wanderwegen.

Verwandlung der »Steel City«

Dem südlich von Erie gelegenen Pittsburgh haftet der Ruf an, die hässlichgraue Stahlmetropole Nordamerikas zu sein. Doch längst hat sich der Industriestandort zu einer besuchenswerten Stadt am Zusammenfluss von Allegheny, Monongahela und dem mächtigen Ohio River gemausert. In der Kulturszene wird ein Name immer wieder genannt: Carnegie. The Carnegie – ein Kulturzentrum mit Art Museum, Museum of Natural History, Bibliothek und Konzerthalle –, das Carnegie Science Center und »The Warhol« gehen zurück auf den aus Pittsburgh stammenden Industriellen Andrew Carnegie. Er hatte ab 1896 die Kultur nach Pittsburgh geholt. Hinzu kommt, dass der Pop-Art-Künstler Andy Warhol 1928 hier geboren wurde und 1994 ein eigenes Museum erhielt, das größte der Welt, das einem einzelnen Künstler gewidmet ist.

An die Glanzzeit Pittsburghs als Zentrum der Stahlindustrie erinnert das Senator John Heinz Regional History Center. Hier wurde eine ehemalige Eisenhütte in ein Museum umgestaltet und informiert heute Besucher mittels historischer Fotos und Exponate über Produktion und Erzeugnisse der Stadt, über Eisen, Stahl und Glaswaren sowie Textilien. Zudem erfährt man mehr über das Alltagsleben im frühen 20. Jahrhundert.

Dass Pittsburgh eine lange Jazztradition hat, ist nur Musikfreunden bekannt. Dank seiner Lage auf halbem Weg zwischen New York und Chicago machten viele Größen des Jazz in den 1930er und 1940er Jahren hier Station und beeinflussten junge lokale Talente. Berühmte Jazzmusiker – wie Billy Eckstein oder Art Blakey – kommen aus Pittsburgh, und noch heute wird das Musikerbe hochgehalten und erlebt seinen Höhepunkt alljährlich in der Manchester Craftsmen's Guild (MCG) Jazz Series. Seit 1987 erleben Jazzfreunde vier Tage lang hochkarätige Konzerte weltweit bekannter Musiker.

»Go Steelers, Go!«

Und noch etwas anderes hat Pittsburgh weit über die Staatsgrenzen hinaus berühmt gemacht: die Sportteams. Die »Großen Drei«, Pirates (Baseball), Penguins (Eishockey) und ganz besonders die Steelers (American Football), kennt man im ganzen Land – allein schon deshalb, weil alle als Vereinsfarben die Stadtfarben Schwarz

Pittsburgh ist nicht nur eine Stahlstadt, sondern auch die Stadt der vielen Brücken.

Pennsylvania Wilds – das Hinterland des Staates besteht zu großen Teilen aus unberührten Wäldern.

und Gold verwenden. Im Baseball hat die Stadt in der Bürgerrechtsbewegung für Aufsehen gesorgt: Hier waren einst neben den 1891 gegründeten Pirates zwei rein afroamerikanische Profiteams zu Hause. Nach dem Ende der »Negro Leagues« waren es die Pirates selbst, die 1971 erstmals ein ganzes Team dunkelhäutiger Spieler aufs Feld schickten. Diese erfolgreiche Mannschaft holte 1979 die fünfte und bis dato letzte Meisterschaft.

Ausgleichend dafür, dass die Pirates zuletzt nur Mittelmaß waren, sorgten 1991 und 1992 die Eishockeyspieler für Meisterehren. Seit jenen Jahren ist der Frankokanadier Mario Lemieux der unumstrittene Held der 1976 gegründeten »Penguins«. Inzwischen hat er das Trikot mit dem Anzug vertauscht und plant nun als Mitbesitzer des Klubs, die Mannschaft finanziell und sportlich wieder nach oben zu bringen. Die Vizemeisterschaft 2008 und der Neubau einer Eishalle sind als erste Erfolge zu werten.

In Wahrheit schlägt das Herz der Sportfans in Pittsburgh jedoch besonders heftig für die American Footballer. Inzwischen konnten die 1933 gegründeten Steelers schon sechs Meisterschaften gewinnen – zuletzt Anfang Februar 2009 – und sind damit das erfolgreichste Team des Landes. Doch gleichgültig, wie gut oder schlecht dieses Team spielt, die 65 000 treuen Anhänger feuern im stets ausverkauften Heinz Field ihre Lieblinge immer bis zum Schlusspfiff an: »Go, Steelers, Go!«

Und täglich grüßt das Murmeltier

Phil weiß Bescheid – und das schon seit über 120 Jahren. Alljährlich zum Sonnenaufgang am 2. Februar wird Phil, ein in einem Baumstumpf schlummerndes Murmeltier, geweckt und befragt, wie lange der Winter noch dauert. Tausende von Besuchern verfolgen gebannt die Wettervorhersage des Murmeltiers auf dem Hügel »Gobbler's Knob« nahe der kleinen Ortschaft Punxsutawney im dicht bewaldeten Hinterland von Pennsylvania.

Und auf Phil ist Verlass: Mit hundertprozentiger Treffsicherheit hat er nach Auskunft des offiziellen Murmeltiervereins von Punxsutawney in den vergangenen Jahren die Prognose gestellt. Dem Vorsitzenden des Vereins obliegt die Ehre, Phil aufzuwecken. Kann dieser beim Erwachen seinen Schatten sehen, das heißt, ist es hell und sonnig, stehen noch sechs Wochen Winter ins Haus. Sieht er ihn hingegen nicht, ist das Frühjahr nicht mehr fern – so die goldene Wetterregel.

Inzwischen gehört der »Murmeltiertag« oder »Groundhog Day« zu den beliebtesten Events in den USA und in Kanada. In Punxsutawney wird er schon seit dem 19. Jahrhundert begangen, die erste dokumentierte Veranstaltung fand 1887 statt. Zurückzuführen ist der Brauch auf deutsche Einwanderer, die in der alten Heimat durch Beobachtung des Verhaltens von Murmeltieren, Dachsen oder Bären um Mariä Lichtmess, dem 2. Februar, festzustellen glaubten, wie lange der Winter noch dauere.

In den USA war der Brauch zunächst nur in versprengten deutschen Enklaven bekannt, doch dann änderte der Spielfilm »Und täglich grüßt das Murmeltier« dies schlagartig. In diesem 1993 ausgestrahlten Streifen spielt Bill Murray einen Wetteransager, der in einer Zeitschleife gefangen ist und den Murmeltiertag wieder und wieder erlebt.

Pennsylvania Wilds

Punxsutawney liegt mitten in Pennsylvania zwischen den beiden Metropolen Philadelphia und Pittsburgh. Ist der südliche Teil des sich dazwischen ausbreitenden Hinterlands eher ländlich und agrarisch geprägt, gilt der nördliche Teil als unberührtes, »wildes« Naturland.

Herausragend ist dabei der sich im Norden über 2000 Quadratkilometer erstreckende Allegheny National Forest. Er hat dazu beigetragen, dass die Region auch als »Pennsylvania Wilds« bezeichnet wird. Dichte Laubwälder, wildromantische Flüsse und Bäche und wenige Ortschaften prägen diesen Landstrich im Norden des Staates, in dem Naturfreunde aller Art – Wanderer, Wassersportler oder Angler – voll auf ihre Kosten kommen.

Doch selbst hier hat der Mensch seine Spuren hinterlassen. So findet man mitten im Naturschutzgebiet die Reste einer 625 Meter langen Brücke. 1882 war sie als höchster und längster Eisenbahnviadukt erbaut worden und galt schon damals als Touristenattraktion. Heute ist nur noch ein Teil des Kinzua Viaduct, einem Frühwerk der Ingenieurskunst, erhalten.

Neueren Datums ist der Kinzua Dam, der seit 1965 die Wasser des Allegheny River zum sogenannten Kinzua Lake, dem tiefsten See Pennsylvanias, aufstaut.

Wissenswertes

Hotel

Zentral gelegen und überaus luxuriös präsentiert sich das historische Rittenhouse (1715) in Philadelphia (www.rittenhouse1715.com).

Essen und Trinken

Wo einst George Washington und Thomas Jefferson gespeist haben, kümmert sich heute der deutsche Walter Staib in der City Tavern in Philadelphia um seine Gäste (www.citytavern.com).

Nicht versäumen

- Independence National Historical Park Philadelphia (*www.nps.gov/inde*);
- ein Eis bei Bassett's, ein Philly Cheese Steak oder amische Spezialitäten im Reading Terminal Market (www.readingterminalmarket.org);
- Shopping in der riesigen King of Prussia Mall (www.kingofprussiamall.com);
- Tour durchs Dutch Country (www.padutchcountry.com);
- Gettysburg National Military Park (www.nps.gov/gett);
- Museumstour in Pittsburgh (www.carnegiemuseums.org).

»Pick your own Pumpkin« – Kürbisfarm in Pennsylvania.

Wo die Demokratie zu Hause ist

Washington D. C./Maryland

Amerikas Hauptstadt ist multifunktional: Schaltzentrale der Weltpolitik, einzigartiges Kulturzentrum und Mekka der modernen Demokratie. Zudem ist Washington D. C. alles andere als eine typisch amerikanische Stadt: Es gibt keine Hochhäuser, dafür aber eine Menge schlicht-funktionaler Verwaltungsbauten sowie den zentralen Park, die »Mall« genannt, der gesäumt wird von unzähligen Museen, prächtigen Repräsentationsbauten und Ehrenmonumenten.

Dreh- und Angelpunkt der Hauptstadt Washington und politisches Symbol der ganzen USA: das 1812 eröffnete Capitol.

An der Chesapeake Bay nahe der Hauptstadt Washington gibt es genügend nette Plätzchen zum Wohnen.

Bereits 1789 gegründet, ist Georgetown älter als die Hauptstadt. Ein Spaziergang durch die alten Gassen lohnt sich.

Im Innern des Jefferson Memorial erinnert eine fast sechs Meter hohe Bronzestatue an den dritten US-Präsidenten und Verfasser der amerikanischen Unabhängigkeitserklärung Thomas Jefferson (1743–1826).

Washington D. C. – Amerikas geplante Hauptstadt

Das Weiße Haus kann seit dem 11. 9. 2001 von ausländischen Besuchern innen nicht mehr besichtigt werden.

Amerikas Hauptstadt Washington ist ein Unikum, allein schon deshalb, weil sie als einzige Stadt in den USA gleich einen ganzen Bundesstaat, den »District of Columbia«, bildet. Das Stadt- oder Staatsgebiet bildet ein Quadrat von rund 16 Kilometern Seitenlänge und wird von Maryland und Virginia umschlossen. Washington, häufig nur kurz »D. C.« genannt, liegt am Ostufer des Potomac River, der rund 30 Kilometer südöstlich in die Chesapeake Bay mündet. Mit dem unlängst erweiterten und modernisierten Dulles International Airport hat sich die Stadt in den letzten Jahren als Drehkreuz von United Airlines mit knapp 24 Millionen Passagieren zu einem der touristischen Knotenpunkte entwickelt.

Washington war als Hauptstadt zunächst nur eine Notlösung. Die Gründerväter der USA konnten sich nämlich nicht einigen. Man tagte einmal in Baltimore, einmal in Philadelphia, dann wieder in New York – insgesamt an acht verschiedenen Orten. Als in Philadelphia 1783 die Truppen wegen ihres Solds meuterten, entschlossen sich die schutzlos ausgelieferten Kongressmitglieder, endlich eine »richtige« Hauptstadt zu gründen, die sich durch ihre zentrale Lage zu den 13 Gründerstaaten auszeichnen sollte.

George Washington höchstpersönlich wählte ein Stück bis dato weitgehend unbesiedeltes Land am Potomac River aus, zu gut zwei Dritteln zu Maryland, im Übrigen zu Virginia gehörig. Die

Vermesser gaben ihm nach Kolumbus den Namen »District of Columbia«, und die Hauptstadt wurde nach dem ersten Präsidenten benannt. 1791 beauftragte man den sich auf Seiten der Revolutionstruppen bewährten, aus Frankreich stammenden Offizier und gelernten Architekten Pierre L'Enfant mit der Stadtplanung.

Vorausschauend plante L'Enfant eine weitläufige Stadt für 100 000 Einwohner, und dabei lebten um 1800 hier gerade einmal rund 3000 Menschen! Der Entwurf sah ein klares, rechtwinkliges Straßennetz, ein Gitterraster, und eine Einteilung in vier Quadranten vor. Repräsentative Hauptachse und grüne Prachtmeile war die 500 Meter breite Grand Avenue, die vom Kapitol zum Potomac River verlief und heute als »National Mall« bekannt ist. Ursprünglich als Parkstreifen zur Erholung und zum Promenieren konzipiert, wurde sie im Laufe der Zeit von Museumsbauten und Monumenten gesäumt. Die markanten Endpunkte, Capitol und Weißes Haus, sind durch die Pennsylvania Avenue verbunden. Auch die anderen am Capitol beginnenden Hauptstraßen sind nach den 13 Gründerstaaten benannt.

Im Zentrum der Macht

»1600 Pennsylvania Avenue, Washington D.C.« ist die wohl berühmteste Adresse der Welt, und das nicht erst seit dem 20. Januar 2009. Hier befindet sich das White House, seit 1800 Sitz der Präsidenten und Schaltzentrale der Nation. Das Weiße Haus ist neben dem Capitol die Hauptattraktion Washingtons, auch wenn eine Besichtigung seit dem 11. September 2001 nicht mehr möglich ist.

Obwohl bereits George Washington 1792 den Grundstein für den Präsidentensitz gelegt hatte, residierte er selbst hier nie. Erst sein Amtsnachfolger, John Adams (1797–1801), regierte vom »President's House« oder der »Executive Mansion« aus, gefolgt von Thomas Jefferson (1801–1809), der dafür sorgte, dass der Präsidentensitz öffentlich zugänglich gemacht wurde. Unter seinem Nachfolger James Madison (1809–1817) besetzten im August 1814 die Briten während des sogenannten War of 1812 nicht nur Washington, sondern sie brannten aus Rache für die Zerstörung Yorks, dem heutigen Toronto, auch das Weiße Haus nieder. Nur die äußeren Sandsteinmauern sowie die inneren Ziegelwände hielten dem Feuer stand, nicht aber das Mobiliar.

1815 begann der Wiederaufbau und damals wurden auch die Außenwände weiß gestrichen; im September 1817 konnte Präsident James Monroe (1817–1825) wieder einziehen. Es war allerdings erst Theodore Roosevelt, der 1901 offiziell den Namen »White House« einführte. Und er war es auch, der 1902/03 eine Renovierung im Inneren und eine Vergrößerung des Eingangsbereichs und den Bau des West

Die weltgrößte Bibliothek, die Library of Congress, und das Washington Monument

Wing veranlasste. 1934 kam der East Wing dazu und auch die nachfolgenden Präsidenten gaben immer wieder Um- und Anbauten in Auftrag. Für eine Modernisierung der Inneneinrichtung setzte sich vor allem John F. Kennedy (1961–1963) ein.

Das aus zwei Hauptgeschossen bestehende Gebäude gleicht mit seinem vorgelagerten Portikus einer alten Plantagenvilla. Auf ihren 5100 Quadratmetern Fläche verteilen sich 132 Räume und 35 Badezimmer über insgesamt sechs Ebenen. Im Hauptgeschoss, dem State Floor, befinden sich repräsentative Säle wie East, Green und Blue Room mit South Portico, Red Room, State Dining und Family Dining Room sowie die Entrance Hall. Das Untergeschoss dient administrativen Zwecken und im Obergeschoss liegen die Privatgemächer.

Aufgrund seiner Größe dominiert das 1812 eröffnete United States Capitol, Sitz des Kongresses und damit der Volksvertretung, das Stadtbild von D. C.: Es erhebt sich auf dem 30 Meter hohen Capitol Hill und wirkt mit seinen 229 Metern Länge, 107 Metern Breite und 82 Metern Höhe sowie einer mächtigen Kuppel, die von einer sechs Meter hohen »Statue of Freedom« bekrönt wird, sehr mächtig. Im Capitol tagt der US Congress, bestehend aus Senate und House of Representatives, die gemeinsam die Legislative bilden. Der Senat besteht aus hundert für jeweils sechs Jahre gewählten Senatoren, zwei pro Bundesstaat, den Vorsitz führt der Vizepräsident. Das House of Representatives umfasst 435, auf zwei Jahre vom Volk gewählte Abgeordnete, wobei sich ihre Zahl nach der Bevölkerungsdichte des jeweiligen Staates richtet.

Der ersten Orientierung dient ein großes unterirdisches Visitor Center mit Ausstellungen, Film, Cafeteria und Läden. Im südlichen Gebäudeflügel befindet sich das House Chamber, Tagungsort des Repräsentantenhauses, im nördlichen das Senate Chamber, Sitz des Senats, jeweils mit Besuchertribüne. Gegenüber dem Capitol, das ungewöhnlicherweise zwei gleichwertige Fassaden aufweist, liegen im Osten der United States Supreme Court, Sitz des Obersten Gerichtshofs, und die sehenswerte Library of Congress, die größte Bibliothek der Welt.

Smithsonian Institution – Kultur im Schatten der Politik

Zwischen Weißem Haus und Capitol reihen sich entlang der Grünfläche der National Mall die Museen der Smithsonian Institution auf. Diese Organisation geht auf eine Spende des britischen Chemikers und Gelehrten James Smithson zurück. Er hatte bei seinem Tod 1829 den USA Geld für »die Erweiterung und Verbreitung von Wissen« vermacht. 1846 wurde die Einrichtung offiziell gegründet und heute umfasst sie außer 19 Museen auch Forschungseinrichtungen, Bibliotheken und Archive, davon einige außerhalb Washingtons, zum Beispiel die Filiale des National Museum of the American Indian in New York. Zu den Museen an der National Mall zählen das National Museum of Natural History mit über 120 Millionen naturwissenschaftlichen Objekten und, benachbart, das kürzlich wiedereröffnete, hochinteressante National Museum of American History. Hier

Wenigstens ein paar der zahlreichen Museen der Smithsonian Institution sollte man besucht haben.

Ein ungewöhnlicher Bau und der Stolz der Ureinwohner ist das National Museum of the American Indian.

gibt es eine Vielzahl von Ausstellungsstücken zu sozialen, kulturellen, wissenschaftlichen und technischen Errungenschaften aus der über 200-jährigen US-Geschichte. Die National Gallery of Art zählt zu den herausragenden Kunstmuseen der USA und kann mit ihren rund 40 000 Kunstwerken mehrere Stunden beanspruchen. Das 2004 eröffnete National Museum of the American Indian ist nicht nur wegen seiner Architektur beachtenswert, es gilt vor allem als größtes Indianermuseum der Welt.

Der Luft- und Raumfahrt verschrieben hat sich das National Air and Space Museum, während im Hirshhorn Museum die hochkarätige moderne Kunstsammlung des Finanziers Joseph H. Hirshhorn (1899–1981) ausgestellt ist. Neben dem Smithsonian Institution Building, dem ältesten Museumsbau an der Mall von 1855 (heute Besucherzentrum), wartet im National Museum of African Art eine beachtliche Sammlung afrikanischer, in der Arthur M. Sackler Gallery asiatischer Kunst. Direkt mit ihr verbunden ist die Freer Gallery of Art, in der neben orientalischer Kunst aus dem Nahen und Fernen Osten amerikanische Kunst des 19. und 20. Jahrhunderts zu bewundern ist. Im Norden, etwas weg von der Mall, liegen schließlich die National Portrait Gallery, das neue Medien-Museum »Newseum« – das zwar nicht zum Smithsonian gehört, aber höchst sehenswert ist – und das National Museum of American Art.

Galerie der großen Männer und Ereignisse

Am Westteil der Mall erinnern mehrere Denkmäler an historische Ereignisse, an den Zweiten Weltkrieg, an den Vietnam- und den Koreakrieg, aber auch an vier der bedeutendsten Präsidenten: Abraham Lincoln, Franklin D.

Blick vom Lincoln Memorial auf den Reflecting Pool und das Washington Monument

Roosevelt, Thomas Jefferson und George Washington. Ein weiteres für Martin Luther King junior ist in Planung. Etwas versteckt hinter dichtem Grün, vor der Akademie der Wissenschaften, fällt eine Sitzfigur etwas aus der Reihe: der Schweizer Wissenschaftler Albert Einstein.

Wenige Schritte südlich der Mall, nahe dem besteigbaren Washington Monument, ist das US Holocaust Memorial Museum einen Besuch wert. Allein der Bau, der 1993 nach Plänen von James Ingo Freed errichtet wurde, ist ungewöhnlich: zum einen wegen der Farb- und Materialkontraste, zum anderen aufgrund der Tatsache, dass er die Wachttürme eines Konzentrationslagers nachempfindet.

Spaziergang durch Georgetown

Vom Zentrum Washingtons ist es nur ein Katzensprung in das nordwestlich gelegene alte Stadtviertel Georgetown, das einen völlig eigenständigen und andersartigen Charakter aufweist. Das ist nicht verwunderlich: Georgetown ist um einiges älter als Washington und entstand bereits 1789 als Universitätssitz und Hafenumschlagplatz für Getreide und Tabak. Lange behauptete sich Georgetown neben der damaligen Dauerbaustelle Washington, doch als die Hauptstadt weiter wuchs, wurde die eigenständige Gemeinde zum Vorort.

Erst in den 1930er Jahren entdeckte die Washingtoner Elite den Ort als gute Wohnadresse wieder. Nach groß angelegten Sanierungs- und Restaurierungsprogrammen präsentiert sich Georgetown heute mit seinen grünen Alleen und engen Gassen, mit Kopfsteinpflaster und Laternen erneut höchst attraktiv und lädt zum Bummel ein. Einige hübsch renovierte Häuschen aus der Kolonialzeit erinnern an vergangene Tage und auch am Hafen, am schmalen C&O Canal, der vom Potomac River abgezweigt wurde, hat man die alten Lagerhallen renoviert. Läden und Apartments, Kneipen und Cafés sind hier eingezogen.

Letzte Ruhestätte der Nationalhelden

Jenseits des Potomac River liegt, bereits im Staat Virginia, die Stadt Arlington, deren Hauptsehenswürdigkeit der gleichnamige Soldatenfriedhof, zugleich die letzte Ruhestätte vieler berühmter amerikanischer Persönlichkeiten, ist. Der Arlington National Cemetery wurde 1863 auf dem Land der Custis-Lee-Familie angelegt, zu der auch der Oberbefehlshaber der Südstaatenarmee, General Robert E. Lee, gehörte.

Die erste Soldatenbestattung auf dem weitläufigen Gelände fand 1864 statt, noch während des Bürgerkriegs. Nach dessen Ende zählte man bereits 16 000 und heute verteilen sich rund 250 000 Gräber auf 250 Hektar Fläche – eine riesige Totenstadt der Nationalhelden. In erster Linie fanden und finden bis heute Soldaten, zumeist Kriegsgefallene, und deren Angehörige ihre letzte Ruhe auf dem nationalen Gedenkfriedhof der USA. Doch auch nichtmilitärische Persönlichkeiten – Journalisten und Autoren, Ärzte und Forscher, Richter und Civil-Rights-Kämpfer, Juden und Sklaven – sind hier bestattet, zum Beispiel der Boxer Joe Louis, der Schauspieler Lee Marvin, der Musiker Glenn Miller oder die beiden bei der Explosion der Challenger 1986 umgekommenen Astronauten Francis Dick Scobee und Michael Smith.

Hauptanziehungspunkt auf dem Friedhof ist das schlichte, mit einem ewigen Licht geschmückte Grab von John F. Kennedy, der 1963 einem Attentat zum Opfer fiel. Auch sein Bruder Robert F. Kennedy, der 1968 ermordet wurde, fand hier seine letzte Ruhe. Außer Kennedy ist ein zweiter Expräsident in Arlington bestattet: William Howard Taft (1857–1930), der von 1908 bis 1913 die Geschicke der USA lenkte. Ein beliebter Anlaufpunkt ist außerdem das Grab des Unbekannten Soldaten, wo regelmäßig pompöse Wachwechsel der »Old Guard«, die auch die Präsidenteneskorte stellt, stattfinden.

»Charm City« Baltimore

Teile des Landes, auf dem sich heute die Hauptstadt Washington erstreckt, gehörten einst zum östlichen Nachbarstaat Maryland. Der »Old Line« oder »Free State«, der 1788 der Union beitrat, ist nach Henriette Maria, der Gemahlin Charles I. von England, benannt. Seine größte Stadt heißt Baltimore, nur rund 65 Kilometer von »D. C.« entfernt. Man nennt sie wegen ihrer malerischen Lage an der Chesapeake Bay auch die »Charm City«. Die Stadt verfügt über den fünftgrößten Hafen der USA und fungiert heute als wichtiger Verkehrsknotenpunkt ins Landesinnere.

1729 gegründet, blühte sie zunächst als Agrargemeinde auf. Dank des Naturhafens wurde der Ort aber rasch zur Handelsmetropole, vor allem zum

Arlington Cemetery und das Denkmal für die blutige Schlacht um die japanische Insel Iwo Jima

Am Inner Harbor, dem alten Hafen Baltimores, liegt das sehenswerte Aquarium.

Umschlagplatz von Getreide und Tabak. Die englischen Restriktionen in den 1760er und 1770er Jahren trafen ihn hart, weswegen auch die Beteiligung an den Befreiungskriegen besonders rege und die strategisch wichtige Stadt immer heiß umkämpft war. In Fort McHenry, an der Spitze der Landzunge im Süden des Hafens, scheiterte beispielsweise 1814 im »War of 1812« ein Angriff der Briten. Die deshalb dort gehisste Flagge veranlasste einen gewissen Francis Scott Key, Rechtsanwalt aus Georgetown, dazu, ein Gedicht mit dem Titel »The Star-Spangled Banner« zu verfassen, das 1931 zum Text der Nationalhymne wurde.

Baltimore spielte als Hafenstadt, aber auch als wichtiger Warenumschlagplatz Richtung Westen eine Rolle. 1836 wurde der Chesapeake and Ohio Canal als Verbindung zwischen Potomac und Ohio River Valley gebaut, dann entstand die Baltimore and Ohio Railroad, die 1842 Cumberland und schließlich 1874 Chicago erreichte. An die Geschichte als Eisenbahnknotenpunkt erinnert heute das sehenswerte B&O Railroad Museum. Der langen und bewegten afroamerikanischen Geschichte in der Stadt, wo Afroamerikaner vielfach in den Werften arbeiteten, widmet sich das Reginald F. Lewis Museum of Maryland African American History. In drei Abteilungen geht es um Sklaverei und Arbeitswelt, um Familie und Gemeinde, Kirchen, Neighborhoods und soziale Organisationen, Kunst und Kultur.

Ein verheerender Brand am 7./8. Februar 1904, genannt »Baltimore Ablaze«, hatte 86 Häuserblocks nördlich vom Hafen und damit fast die komplette Innenstadt zerstört. Zum Glück gab es keine Toten und der Wiederaufbau ließ nicht lange auf sich warten. Dennoch war in den 1960er Jahren die Innenstadt ausgestorben und heruntergekommen. Bürgermeister Donald Schaefer, der 1971 das Amt antrat, sind Programme zur städtischen Erneuerung und Revitalisierung zu verdanken. Werften und Lagerhäuser funktionierte man zu Entertainment-Shopping-Komplexen wie »Harborplace« um. Attraktionen wie das Maryland Science Center oder das Baltimore Maritime Museum sowie das National Aquarium folgten. Das Baltimore Museum of Art präsentiert moderne und zeitgenössische Kunstobjekte aus aller Welt, darunter eine umfangreiche Matisse-Sammlung, und Geppi's Entertainment Museum widmet sich ganz der Pop- und Comickultur. Heute zählt die Stadt über 130 Attraktionen, und auch in kulinarischer Hinsicht ist sie inzwischen ein fester Begriff, allein wegen Meisterkonditor Duff »Ace of Cake« Goldman, der durch TV-Kochshows landesweit einem größeren Publikum bekannt geworden ist.

Heimat von Babe Ruth

Eine wichtige Rolle bei der Revitalisierung der Innenstadt spielte der Neubau zweier riesiger Sportstadien: Oriole Park at Camden Yards – die Heimat der Profibaseballer – und das Stadion der American Footballer Baltimore Ravens, das M&T Bank Stadi-

George Washington, Held wider Willen

George Washington war nicht nur Oberbefehlshaber der Unabhängigkeitsarmee, sondern der erste US-Präsident.

George Washington, der erste Präsident der USA, erblickte am 22. Februar 1732 in Pope's Creek in der Kolonie Virginia als Sohn englischer Siedler das Licht der Welt. Seine Karriere begann als Landvermesser, doch zu Geld und Besitz gelangte er als Tabakpflanzer, durch Erbschaft, eine standesgemäße Heirat und erfolgreiche Spekulationen. Zwischen 1753 und 1758 diente er im French-Indian War – der Auseinandersetzung zwischen den Kolonialmächten Frankreich und Großbritannien um die Macht in Nordamerika – als Milizoberst der britischen Kolonie Virginia und kämpfte im Ohiotal gegen Franzosen und verbündete Indianer.

Mit dem Einzug ins Abgeordnetenhaus der Kolonie Virginia, 1759, begann Washingtons politische Karriere. Er machte sich schon früh gegen eine Bevormundung aus dem Mutterland stark. 1774/75 wurde er als Delegierter Virginias in den Ersten Kontinentalkongress nach Philadelphia berufen und erhielt dort überraschend den Oberbefehl über die amerikanischen Revolutionstruppen. Trotz geringer Truppenstärke und schlechter materieller Ausstattung, gelangen ihm rasch Erfolge. Washington galt als charakterstarker, organisatorisch begabter General, der mithilfe europäischer Offiziere wie von Steuben oder Lafayette eine schlagkräftige Armee aufbaute und die britischen Kolonialtruppen 1781 zur Kapitulation zwang. 1783, nach dem Vertrag von Paris und der offiziellen Anerkennung der USA, trat Washington aus der Armee aus und zog sich ins Privatleben zurück. Doch schon 1787 überredeten ihn Freunde zur Präsidentschaftskandidatur und nach einer überwältigend deutlichen Wahl, 1789, zog er als erster Präsident der Vereinigten Staaten nach New York, dem damaligen Amtssitz. Innerhalb von zwei Amtsperioden baute Washington unter Mithilfe politischer Freunde wie Alexander Hamilton und Thomas Jefferson ein funktionierendes, staatenübergreifendes Verwaltungssystem auf, führte eine einheitliche nationale Währung ein, gründete die Staatsbank und die Post und reorganisierte Heer und Flotte.

Während der Französischen Revolution kam es zu wachsenden Spannungen, auch unter Washingtons Gefolgsleuten, allen voran zwischen Hamilton und Jefferson: Während sich Hamilton auf die englische Seite stellte, unterstützte Jefferson die französische. Das führte dazu, dass der eine zum Kopf der »Federalists«, der andere zum Führer der »Republicans« wurde. Dass es dennoch nicht zum Bruch kam und sich beide wieder auf eine gemeinsame politische Linie einigten, war letztlich der Vermittlung George Washingtons zu verdanken.

Am Ende war der »Held wider Willen« der Kontroversen müde und zog sich 1796, nach Ablauf seiner zweiten Amtsperiode, aus dem politischen Leben zurück und verbrachte seine letzten Lebensjahre auf seinem Landsitz Mount Vernon. Dort starb er am 14. Dezember 1799. Sein Geburtstag wurde zum offiziellen Feiertag, dem sogenannten Presidents' Day, erhoben. Er ist inzwischen nicht nur ihm, sondern all seinen Nachfolgern gewidmet.

um. Wenn diese Teams Heimspiele austragen – im Baseball sind es 82 pro Spielzeit! –, blüht die Innenstadt auf, da die Fans nicht schnurstracks in die Stadien pilgern, sondern gern das vielseitige Angebot an Shops, Kneipen und Museen wahrnehmen.

Angesichts dieser Sportbegeisterung wundert es nicht, dass gerade ein Sportler der berühmteste Sohn der Stadt ist: Als am 6. Februar 1895 der deutschstämmigen Familie Ruth Nachwuchs beschert wurde, konnte niemand ahnen, dass eben dieses Pummelchen namens George Hermann einmal der berühmteste Baseballspieler aller Zeiten werden sollte. Schon als 19-Jähriger verdiente er sein Geld als Berufsspieler bei den lokalen Orioles. Damals erhielt er den Spitznamen, unter dem ihn noch heute jedes Kind in den USA kennt: »Babe«. 1914 mussten die Orioles Babe Ruth wegen finanzieller Probleme an die Boston Red Sox verkaufen. Dort mauserte er sich schnell zum Topspieler, nach seinem Wechsel 1920 zu den New York Yankees dann sogar zum Superstar. 1921 wurde ein Schokoriegel nach ihm benannt. Bis 1934 trug er das Yankees-Trikot, ehe er sich zur Ruhe setzte und 1948 an Kehlkopfkrebs starb. Heute erinnert Baltimore mit dem Babe Ruth Birthplace and Museum at Camden Yards an seine »National-Ikone«. Aber auch der lokale Football-Star Johnny Unitas und die beiden lokalen Sportteams werden in dem viel besuchten Museen geehrt.

In der Segelhauptstadt Amerikas

Etwa auf halbem Weg zwischen Baltimore und Washington liegt das Hafenstädtchen Annapolis mit rund 36 000 Einwohnern. Die Hauptstadt Marylands ist eine gemütliche Stadt. In malerisch-verwinkelten Gassen finden sich hübsch restaurierte historische Häuschen aus der Kolonialzeit bis hin zu solchen aus dem 20. Jahrhundert in verschiedensten architektonischen Stilen. Der Hafen liegt an der Severn River Bay, die in die Chesapeake-Bucht übergeht, und diese geografische Lage hat Annapolis zur »Segelhauptstadt Amerikas« werden lassen. Alljährlich, Anfang Oktober, findet die »US Sailboat Show« statt, die größte Segelschiffausstellung der Welt. Annapolis, eine der traditionsreichsten Städte an der amerikanischen Ostküste, wurde 1649 als »Anne Arundel Town« gegründet, wie heute noch die County genannt wird. Im Jahr 1694 erhielt der Ort seinen heutigen Namen von Prinzessin Anne, der späteren Königin von England. 1695 hatte der

Annapolis, Hauptstadt von Maryland, ist eine der traditionsreichsten Städte an der Ostküste.

Engländer Francis Nicholson begonnen, ein regelmäßiges Straßennetz zu planen. Noch heute bestimmen die damals angelegten Church Circle und State Circle das Stadtbild; von diesen Ankerpunkten gehen die Straßen radial ab.
Einen wirtschaftlichen Aufschwung erlebte Annapolis zwischen 1750 und 1790 als Umschlagplatz für Tabak. Damals entwickelte es sich zum wirtschaftlichen, sozialen und politischen Zentrum von Maryland. Außerdem entstanden die erste Bibliothek und das erste Theater in den Kolonien, die erste öffentliche Schule und das St. John's College.

Blick über den Yachthafen von Annapolis auf die US Naval Academy.

Ältester Regierungssitz der USA

Das Maryland State House erhebt sich unübersehbar auf einer Anhöhe im Stadtzentrum und ist von der Altstadt umgeben. Es wurde 1772 bis 1779 mit einem Holzdach erbaut und gilt als ältester Regierungssitz der USA, der konstant benutzt und bis heute intakt ist. Das Gebäude fungierte von November 1783 bis August 1784 als Capitol. Annapolis war damit die erste Hauptstadt der USA zu Friedenszeiten und George Washington und Thomas Jefferson gingen hier ein und aus. Sehenswert ist im Inneren vor allem das Old Senate Chamber, wo 1783/84 der Kongress tagte und am 17. Januar 1784 der »Treaty of Paris« ratifiziert wurde, die offizielle Bestätigung der Unabhängigkeit der 13 amerikanischen Kolonien durch die britische Krone.
William Paca und Hammond-Harwood House sind die wohl sehenswertesten der zu besichtigenden historischen Häuser von Annapolis, die von der Historic Annapolis Foundation verwaltet werden. Von 1764 bis 1765 wurde das Paca-Haus im Georgian Style erbaut. Der Unterzeichner der Unabhängigkeitserklärung und spätere Gouverneur von Maryland, William Paca, legte viel Wert auf einen repräsentativ angelegten Garten mit Bächen, einer chinesischen Brücke und Terrassen, aber auch ein Wilderness Garden und ein kleines Sommerhaus sind zu finden.
Der Campus der U.S. Naval Academy im Nordosten der Stadt wird als »Yard« bezeichnet. Neben der Air Force Academy in Colorado Springs/Colorado, der Army Academy in West Point/New York, der Academy der Marine Corps in Harlingen/Texas und der Coast Guard Academy in New London/Connecticut zählt sie zu den Topmilitärinstituten in den USA. »Welcome on board« heißt der standesgemäße Gruß unter Kadetten und Offiziersanwärtern, die diese 1845 von George Bancroft gegründete Marineschule auf dem Gelände von Fort Severn besuchen. Knapp 5000 junge Männer und Frauen durchlaufen derzeit die vierjährige Eliteausbildung, die bereits der frühere US-Präsident und Friedensnobelpreisträger Jimmy Carter, der ehemalige Basketballstar der San Antonio Spurs, David Robinson, zahlreiche hohe Politiker, Astronauten und zwei weitere Nobelpreisträger absolviert haben.
Ansehen sollte man sich das U.S. Naval Academy Museum sowie die Naval Academy Chapel, die ganz in den stolzen Marinefarben Gold und Blau gehalten ist.

Besuch bei George Washington

Inmitten ausgedehnter Parkanlagen befindet sich erhöht über dem Potomac River, etwa zehn Kilometer südlich von Alexandria, einem Nachbarstädtchen von Washington, die Heimat von George Washington. Sein Haus ist zwar längst nicht so beeindruckend wie Jeffersons Monticello in Virginia, doch erklärt sich das allein schon aus der Unterschiedlichkeit beider Charaktere: Anders als das Universalgenie Jefferson war Washington eher bodenständig und hemdsärmelig. Washingtons Anwesen ist von großen Gartenanlagen umgeben, die sich südlich des breiten und gemächlich fließenden Potomac ausbreiten. Der erste Präsident der USA hat sein Haus im Wesentlichen selbst entworfen und damit ein Vorbild für unzählige spätere Repräsentativbauten geschaffen; auch am Bau hat er selbst mit Hand angelegt. Er benannte sein Domizil nach Admiral Vernon, seinen früheren Militärchef bei der britischen Flotte. Schon nach damaligen Maßstäben galt der Besitz als groß: Über 300 Sklaven arbeiteten für den gestrengen Herrn, rund 90 wohnten in unmittelbarer Nähe in schlichten Backsteinhäusern oder in Hütten in unmittelbarer Nachbarschaft zu den Tabak- und Weizenfeldern, auf denen sie arbeiteten. Immerhin ließ Washington nach dem Unabhängigkeitskrieg alle Sklaven frei und war damit seiner Zeit weit voraus.

1674 hatte Washingtons Urgroßvater John Washington das Gut per Landzuweisung erhalten. Im Jahr 1726 übernahm Augustine Washington, die Mutter des späteren ersten Präsidenten, den Besitz und nach ihrem Tod, 1743, bewohnte Georges älterer Halbbruder Lawrence Mount Vernon. Als er elf Jahre später verstarb, pachtete der Präsident in spe das Gut von seiner Schwägerin und erbte dann 1761 Mount Vernon endgültig. Er ließ sich mit seiner Frau Martha Dandridge Custis dauerhaft hier nieder und wurde 1799 in der alten Familiengruft auf dem Grundstück begraben. Drei Jahre später folgte ihm seine Frau nach.

1858 erwarb die Mount Vernon Ladies' Association das Landgut der Familie Washington und macht es als »Denkmal« für die Öffentlichkeit zugänglich. Wichtiger als einzelne Details im Haus ist das Gesamtbild, das eine gute Vorstellung vom Leben in damaliger Zeit vermittelt und die Washingtons vorstellt. Das Haus und sein Interieur können als gutbürgerlich, aber auf keinen Fall als luxuriös bezeichnet werden. Zweckmäßigkeit und nicht Prunk hatte für Washington oberste Priorität.

Im zugehörigen Museum lässt sich der Einblick in das Privatleben von George und Martha Washington noch vertiefen. Neben interessanten Memorabilien wie der Militärausrüstung von Washington oder den Hochzeitsschuhen aus Satin seiner Frau, sind mehrere Filme sowie eine von dem Bildhauer Jean-Antoine Houdon gefertigte Büste zu sehen, die als bestes Abbild des ersten US-Präsidenten gilt.

Mount Vernon war einst das Zuhause des ersten US-Präsidenten George Washington.

Hotel

- Luxuriös nächtigen in Sichtweite des Weißen Hauses: im Hay-Adams Hotel (www.hayadams.com).

Hinweis

- Das White House Visitor Center (1450 Pennsylvania Ave., www.nps.gov/whho) informiert über den Wohnsitz des Präsidenten, derzeit gibt es jedoch keine Touren. Das Capitol (www.visitthecapitol.gov) kann hingegen besichtigt werden.

Nicht versäumen

- National Mall inklusive einiger Museen (www.nps.gov/nama und www.si.edu).

- Ben's Chili Bowl (www.benschilibowl.com) ist seit 1958 eine Legende, die Comedian Bill Cosby und Präsident Barack Obama zu schätzen wissen.

- Auf Zeitreise gehen bei einem Spaziergang durch Georgetown (www.georgetowndc.com oder www.nps.gov/nr/travel/wash/dc15.htm).

- Kontrastprogramm: Baltimore (http://baltimore.org) und Annapolis (www.visit-annapolis.org).
- Washingtons Wohnhaus Mount Vernon (www.mountvernon.org).

Washingtons prachtvolle Kirschblüte im April wird mit einem Festival gefeiert und zieht zahlreiche Besucher an.

AQ LAVAND
AQ DESTIL

Colonial Virginia – wo alles begann

Virginia

Virginia ist untrennbar verbunden mit dem Bürgerkrieg und seinen Kriegsschauplätzen. Schließlich lagen die beiden Hauptstädte Washington (Nord) und Richmond (Süd) nur ein paar Reitstunden auseinander. Hier entstand jedoch auch die erste britische Kolonie in der »Neuen Welt«, wurden die ersten Großplantagen angelegt und gibt es großflächige Naturareale wie den Shenandoah National Park, die Chesapeake Bay oder die Atlantikküste.

1607 entstand die erste europäische Siedlung im heutigen Virginia. Seither ist dort die Geschichte allgegenwärtig – wie hier in der Mercer Apothecary in Fredericksburg.

Die Chesapeake Bay, hier um das Hafenstädtchen Alexandria, ist seit jeher ein Dorado für Segler.

NO
PARKING
LOADING ZONE
8AM-5PM
MON-FRI
SHOE
REPAIR
CERTIFIED
ORTHOPEDIC
SERVICE
WHILE YOU WAIT
CURZON HILL
ANTIQUES

In vielen Ortschaften Virginias scheint die Zeit stehen geblieben zu sein. Ein Spaziergang durch die Gassen Old Town Alexandria belegt dies.

Im Hinterland Virginias präsentiert sich der Potomac River noch als wilder ungebändigter Gebirgsfluss.

Virginia's Historic Triangle

Versuche gab es schon früher, doch sollte es bis 1607 dauern, ehe erstmals britische Siedler auf dem nordamerikanischen Kontinent dauerhaft sesshaft wurden. Sie waren in der zerklüfteten Chesapeake Bay mit ihren wie Tentakeln ins Land hineinragenden Zuflüssen Potomac, York und James River an Land gegangen. Dieses Gebiet entwickelte sich zum Kernland der britischen Besiedelung, zu »Colonial Virginia« – benannt nach Königin Elisabeth I., der »Virgin Queen«. Der ersten Siedlung Jamestown folgten mit Yorktown und Williamsburg rasch zwei weitere.

Anfangs hatten die gut hundert britischen Siedler, die am 24. Mai 1607 amerikanischen Boden betreten hatten, mit erheblichen Problemen zu kämpfen. Die meisten der Neuankömmlinge waren eher Abenteurer als Handwerker oder Bauern, und die Lebensbedingungen erwiesen sich als hart. Im Herbst waren in der Siedlung Jamestown nur noch 38 Männer übrig geblieben, doch dann nahm Captain John Smith die Geschicke in die Hand. Als im Folgejahr geeignetere Siedler aus England dazustießen, schien es endlich bergauf zu gehen. Dennoch wollten Smith und seine Männer Jamestown wieder aufgeben und sich nach einem besseren Siedlungsplatz weiter im Norden umsehen. Doch das Jahr 1610 brachte die Wende: Damals traf die lang erwartete Proviantlieferung aus England ein und auch der Landbau warf erste Früchte ab. John Rolfe, einer der Siedler, hatte zudem bemerkt, dass die lokalen Gegebenheiten für den Tabakanbau optimal wa-

Jamestown war 1607 die erste britische Siedlung auf amerikanischem Boden.

ren, und so konnte man 1617 erstmals Rohtabak ins Mutterland exportieren. Der Start war geglückt!

Unvergessene Love Story

Die Liebesgeschichte zwischen Pocahontas, Tochter des Indianerhäuptlings Powhatan-Sachem, und dem britischen Siedler John Rolfe wurde in Romanform, in Filmen und sogar Comics festgehalten. Dabei wird diese Story aus den Anfangsjahren von Colonial Virginia meist eher rührselig als historisch korrekt erzählt. Dass der Frieden zwischen Indianern und Siedlern in der Realität nicht lange anhielt, belegt der Bau einer befestigten Siedlung im Landesinneren. Aus dieser »Middle Plantation« erwuchs schnell ein größerer Ort namens Williamsburg, der nach einer Feuersbrunst in Jamestown 1699 zum neuen Regierungssitz der Kolonie erklärt wurde. Bis 1780 war Williamsburg zum politischen, sozialen und kulturellen Dreh- und Angelpunkt an der Ostküste geworden. Nach König William II. benannt, war die Stadt dem britischen Mutterland zunächst eng verbunden, doch schon bald wuchs das Streben nach Unabhängigkeit. Nach der Verlegung des Regierungssitzes nach Richmond fiel die Stadt dann in einen Dornröschenschlaf und die historische Bausubstanz verfiel. Es war ein Geistlicher, der Reverend W. A. R. Goodwin, der Williamsburg aufweckte: Er erzählte John D. Rockefeller junior von seiner Vision, eine prächtige Museumsstadt im Stil des 18. Jahrhunderts zu errichten, und der Großindustrielle unterstützte bis zu seinem

Im Freiluftmuseum Colonial Williamsburg wird die Geschichte zu neuem Leben erweckt.

Tod 1960 finanziell den Wiederaufbau von Colonial Williamsburg.
Noch intakte Häuser wurden instand gesetzt und übernahmen wieder ihre ursprünglichen Funktionen, andere wurden originalgetreu wiederaufgebaut. So standen am Ende nahezu 90 Gebäude – so unter anderem das Wren Building, das President's House, die Bruton Parish Church oder das Court House von 1770 – und weitere 50 Häuser waren rekonstruiert worden. Heute können Besucher in der alten Kolonialhauptstadt auf Zeitreise gehen und entdecken, wie es am Vorabend der amerikanischen Revolution aussah. In den Werkstätten kann man viel über alte Handwerkstechniken erfahren, in Lokalen wie der King's Arm Tavern die Küche früherer Zeiten kennenlernen sowie in Shops Antiquitäten und Souvenirs erwerben. Pferdekutschen, Angestellte in historischen Gewändern und Übernachtungsmöglichkeiten in historischen Inns machen die Zeitreise perfekt.
Bereits außerhalb des Museumsareals, im Westen der Innenstadt, liegt mit dem College of William and Mary eine der renommiertesten Hochschulen des Landes. Sie gilt nach Harvard als zweitälteste Universität in den Vereinigten Staaten. 1693 gegründet und nach dem damaligen König William III. sowie seiner Frau Mary benannt, entspricht ihr Erscheinungsbild noch heute dem der Jahre 1716 bis 1859, als die wichtigsten Bauten entstanden waren.

Colonial National Historical Park

Nicht nur Williamsburg führt eine andere Welt vor, auch die benachbarten Orte Yorktown und Jamestown bieten Gelegenheit, auf historischen Pfaden zu wandeln. Man vermarktet sich gemeinsam als »Colonial Virginia«, und Jamestown, Yorktown und der zwischen beiden Orten und durch Colonial Williamsburg verlaufende Colonial Parkway bilden den »Colonial National Historical Park«. Die rund 40 Kilometer lange Straße wurde 1930 als Verbindungsroute ins Leben gerufen und 1957 fertiggestellt.

Governor's Palace in Colonial Williamsburg

Jamestown steht unter dem Motto »... where a nation began« (»wo eine Nation geboren wurde«), allerdings ist mit Ausnahme des Kirchturms nicht viel Historisches erhalten. Laufende archäologische Ausgrabungen und ein Museum versetzen Besucher jedoch in die Lage, sich auf dem weitläufigen Areal vorzustellen, wie es kurz nach 1607 hier ausgesehen haben mag. Dem Leitsatz »... where freedom was won« (»wo die Freiheit errungen wurde«) huldigt hingegen Yorktown. Beide Orte, Yorktown wie Jamestown, stehen unter Denkmalschutz, jedoch gesellten sich zum historischen Bestand zwei »historische Vergnügungsparks«: Jamestown Settlement und Yorktown Victory Center. Statt trockener Geschichte werden hier unter dem Motto »History is Fun« spielerisch vergangene Zeiten wiederbelebt.

Die Belagerung von Yorktown

Bis ins späte 18. Jahrhundert hinein genoss Yorktown den Ruf, der größte Hafen von Virginia zu sein. Während der Belagerung im Freiheitskampf 1781 wurde dann jedoch ein Großteil der Stadt zerstört, und ein Feuer 1814 und der Bürgerkrieg in den 1860er Jahren trugen weiter zum Verfall bei. Hauptanziehungspunkt der Ortschaft sind deshalb nicht alte Häuser, sondern das Schlachtfeld selbst. Eine »Battlefield Driving Tour« mit Infotafeln zu verschiedenen Aufstellungen, Lagern, Gräben und Wällen verhilft zu einer besseren Vorstellung von den Schlachtabläufen, und im Besucherzentrum lernt man anhand von Film und Ausstellungen mehr über die »Siege of Yorktown«, die Belagerung der Stadt kennen.

Vom 9. bis 19. Oktober 1781 fand hier die entscheidende Auseinandersetzung zwischen den Briten und den um Unabhängigkeit kämpfenden Kolonisten statt. Unter Führung von George Washington, dem deutschstämmigen Generalmajor Friedrich Wilhelm von Steuben, Ausbilder der US-Truppen, sowie den französischen Generälen Marquis de Lafayette und Rochambeau erlitten die Briten eine

In Colonial Williamsburg stehen an die 90 historische Gebäude.

George Washington im Virginia State Capitol in Richmond

schwere Niederlage. Ihre Truppen unter Oberbefehlshaber Lord Charles Cornwallis mussten kapitulieren – und das Ende des Unabhängigkeitskriegs war damit besiegelt.

»There are no Poe experts«

Selbst mancher Literaturkenner wird sich wundern, was die alte Südstaatenhauptstadt Richmond mit dem bedeutenden amerikanischen Short-Story-Autor verbindet. Doch Edgar Allan Poe verbrachte die meiste Zeit seines kurzen Lebens in Richmond: Er wuchs hier auf, heiratete hier seine einzige Liebe und war als Herausgeber von »Southern Literary Messengers« angesehen.

Geboren am 19. Januar 1809 in Boston, lebte Poe nach dem Tod seiner Mutter Elizabeth, einer berühmten Schauspielerin, von 1811 an in Richmond, als Ziehsohn des lokalen Kaufmanns John Allan. Poes leiblicher Vater war 1810 verschwunden und wohl seiner Trunksucht zum Opfer gefallen. Als Kind vergötterte Poe seine Pflegemutter Frances, und ihr hatte er es zu verdanken, dass er als »Sohn aus besserem Haus« aufgezogen wurde. 1815 zogen die Allans aus beruflichen Gründen in Johns Heimat Schottland, kehrten jedoch schon 1820 nach Richmond zurück – auch weil John eine üppige Erbschaft gemacht hatte.

Edgar Allan Poe begann 1826 ein Studium an der Universität Virginia, aber nach dem Bruch mit seinem Ziehvater trat er verschuldet – sein Pflegevater hatte die Zahlungen eingestellt – und verbittert 1827 in die Offiziersschule der Armee in West Point ein. Aus ihr wurde er vier Jahre später wegen Aufsässigkeit entlassen. Nun wandte sich Poe der Schriftstellerei und dem Journalismus zu und heiratete 1836 seine abgöttisch verehrte, gerade 13-jährige Cousine Virginia Clemm. Zwei Jahre nach ihrem Tod starb Poe ebenfalls – unter bis heute ungeklärten Umständen –, am 7. Oktober 1849 in Baltimore.

Das ist auch schon fast alles, was man sicher über Poes Leben weiß. Vieles liegt im Dunkeln und über Etliches wird in Fachkreisen seit Langem kontrovers diskutiert. »There are no Poe experts« – »es gibt keine wirklichen

Thomas Jefferson, Mann der Visionen und Talente

Thomas Jefferson gilt als einer der Gründerväter der USA, als Verfasser der Unabhängigkeitserklärung und Demokrat der ersten Stunde. Er war ein vehementer Verfechter der Menschenrechte und forderte die Beteiligung jedes Bürgers an politischen Entscheidungen, religiöse Freiheit und gute Ausbildung. Geboren am 13. April 1743 als Sohn eines Plantagenbesitzers in Shadwell, Virginia, schlug Jefferson nach seinem Studium von 1760 bis 1767 zunächst die Laufbahn eines Rechtsanwalts ein. Sein Aufstieg zu einem der einflussreichsten Politiker in der Geschichte der USA erfolgte in den Jahren 1769 bis 1775, als er Mitglied des Abgeordnetenhauses von Virginia war. 1775 wählte man ihn in den First Continental Congress und dort, in Philadelphia, oblag ihm die Aufgabe der Abfassung der Declaration of Independence, die am 4. Juli 1776 verabschiedet wurde.

Im Laufe der Jahre bekam Jefferson mehr und mehr wichtige politische Ämter übertragen: Zwischen 1779 und 1781 fungierte er als Gouverneur von Virginia, 1783 wurde er in den Kongress gewählt, ein Jahr später zog er als Nachfolger von Benjamin Franklin als US-Gesandter nach Frankreich. 1790 berief ihn Präsident George Washington zum ersten Secretary of State in der Geschichte der USA. Nach Washingtons Abschied vom Präsidentenamt kandidierte Jefferson 1796 erstmals, unterlag jedoch gegen John Adams. Vier Jahre später setzte er sich in einer denkbar knappen Wahl durch und wurde als dritter Präsident vereidigt. Zwei Amtsperioden lang, von 1801 bis 1809, leitete Jefferson die Geschicke der USA, ehe er sich auf seinen Landsitz in Monticello zurückzog, um als gebildetes Universaltalent seinen vielseitigen Interessen – an Natur und Landbau, Technik und Naturwissenschaften, Architektur, Literatur und Philosophie – zu frönen.

Jefferson war nicht nur ein geschickter politischer Taktiker und weit blickender Regierungschef, seiner wissenschaftlichen Neugier und politischen Weitsicht war es auch zu verdanken, dass sich das Tor zum »Wilden Westen« öffnete. Von Jugend an vom weiten und unbekannten Land jenseits des Mississippi fasziniert, hatte er, in kluger Voraussicht, 1803 das französische Einflussgebiet westlich des Mississippi mit dem Louisiana Purchase von Napoleon zum Schnäppchenpreis erworben. Auf seine Initiative hin brach am 14. Mai 1804 ein Trupp ausgewählter Männer von St. Louis auf, angeführt von Jeffersons persönlichem Adjutanten Meriwether Lewis und dessen Freund William Clark. Ziel dieser gut zweijährigen Forschungsexpedition war, einen schiffbaren Weg vom Mississippi an den Pazifik zu finden, Informationen über Ressourcen und Bewohner, über Flora und Fauna einzuholen, Kontakte mit den Indianern zu knüpfen – und so die Inbesitznahme und Öffnung des Westens einzuleiten.

Thomas Jefferson, das Universalgenie, entwarf auch sein Privathaus Monticello selbst.

Die alte Südstaatenmetropole Richmond hat vielerorts, wie hier an der Monument Avenue, ihr altes Flair bewahrt.

Poe-Kenner«, meint deshalb auch einer der belesenen Führer und Bewunderer des Autors im sehenswerten Poe Museum in Richmond. Im Laufe der Zeit wurden viele Fakten übertrieben oder falsch interpretiert. So war Poe weder Alkoholiker noch Spieler, sondern nahm Opium, ein zu seiner Zeit verbreitetes Schmerzmittel, wegen seiner schwächlichen Konstitution. Allerdings waren die Nebeneffekte damals unbekannt, und so müssen viele der sogenannten Exzesse Poes wohl mit den Folgen des Rauschgiftgenusses in Zusammenhang gebracht werden.

Trotz seines kurzen Lebens gilt Edgar Allan Poe als »America's Shakespeare«, denn er hat immerhin fünf literarische Genres ins Leben gerufen oder ihnen in den USA zum Durchbruch verholfen: dem Detektiv- und dem Horrorroman, der Kurzgeschichte, der lyrischen Dichtkunst und dem Science-Fiction-Roman. Daneben machte er sich einen Namen als Kritiker und Literaturtheoretiker. Lange in seiner Heimat verkannt und in ärmlichen Verhältnissen lebend, fand Poes Werk zuerst in Europa Anerkennung. Zu seinen lesenswerten Werken gehören »Der Rabe« (1845), »Ligeia« (1838), »Der Bericht des Arthur Gordon Pym« (1838), »Der Untergang des Hauses Usher« (1839), »Die Grube und das Pendel« (1842) oder »Der Doppelmord in der Rue Morgue« (1841).

Aus Trümmern neu entstanden

Richmond ist nicht nur ein Muss für Poe-Fans, die alte Südstaatenmetropole bietet weitere interessante Attraktionen. 1737 gegründet, fungiert sie seit 1780 als Hauptstadt des Bundesstaats Virginia und zwischen 1861 und 1865 als Hauptstadt der Confederate States. Dieser Umstand sowie ihre Bedeutung als Industrie- und Handelszentrum hatte verheerende Zerstörungen zur Folge. Wer heute alte Fotos vom Ende des Bürgerkriegs 1865 sieht, reibt sich verwundert die Augen: Die Häuser waren damals teilweise bis auf die Grundmauern abgebrannt.

Trotz großer Anstrengungen gelang es den Unionstruppen in zwei Vorstößen, 1862 und 1864, nicht, Richmond einzunehmen. Erst als die Südstaatler nach vier Kriegsjahren nur noch zu Rückzugsgefechten in der Lage waren, konnte der Oberkommandierende der Union, General Ulysses S. Grant, im April 1865 Robert E. Lee und die

Erinnerungsfoto vor dem Denkmal an »Stonewall« Jackson.

Überreste der konföderierten Armee aus Richmond vertreiben. Wenige Tage später unterzeichneten Lee und Grant im Appomattox Courthouse, westlich von Richmond, den Kapitulationsvertrag. Der Bürgerkrieg war zu Ende.

Den Kriegsschäden trotzend haben sich rings um das moderne Stadtzentrum einige historische Viertel erhalten, zum Beispiel Newtowne West, das afroamerikanische Jackson Ward, die Virginia Commonwealth University Area, Church Hill mit der alten St. John's Church, der viktorianische Fan District oder Shockoe Slip. Letzteres Viertel erinnert an das alte Handelszentrum der Stadt mit Lagerhäusern, in die heute Läden und Restaurants eingezogen sind, mit der Main Street Station im Mittelpunkt und dem bunten 17th Street Farmer's Market.

Kontrastprogramm bietet Jackson Ward, der »Birthplace of Black Capitalism«. In diesem alten afroamerikanischen Stadtteil im Norden der Innenstadt waren einst zahlreiche schwarze Unternehmer zu Hause. Nachdem es in den letzten Jahrzehnten ziemlich heruntergekommen war, sind nun Bemühungen im Gang, die historischen Bauten wieder herzurichten, Museen, Läden und Restaurants zu eröffnen und so die ruhmvolle Vergangenheit wieder aufleben zu lassen.

Jefferson Hotel, Capitol und Museum

Auch wer sich keine Übernachtung im »Jefferson« leisten kann, sollte einen Blick ins Innere dieses Luxushotels werfen. Abgesehen von etlichen US-Präsidenten haben hier schon viele illustre Gäste – Elvis Presley, Gertrude Stein, Charlie Chaplin oder Sarah Bernhardt – residiert. Das »Traumhotel« wurde ab 1890 von dem renommierten New Yorker Architekturbüro Carrère and Hastings im Beaux-Arts-Stil erbaut und 1895 eröffnet. Das unter Denkmalschutz stehende Haus erstrahlt heute nach langjähriger Renovierung wieder in alter Pracht.

Den Bürgerkrieg überstanden hat auch das klassizistische Virginia State Capitol, das, 1788 eingeweiht, das erste öffentliche Gebäude der USA war. Drei Jahre zuvor hatte man Thomas Jefferson – damals Botschafter in Frankreich – gebeten, einen geeigneten Architekten vorzuschlagen. Dieser entschloss sich daraufhin, seine eigenen Ideen in Kooperation mit dem Architekten Charles-Louis Clérisseau zu verwirklichen. Die Pläne trafen 1786 zusammen mit einem Modell in Richmond ein und riefen helle Begeisterung hervor.

Im nahe gelegenen Museum and White House of the Confederacy gibt es Einblick in Richmonds Geschichte als Hauptstadt der Südstaaten. Das American Civil War Center at Historic Tredegar, in einer renovierten Waffenfabrik aus dem Bürgerkrieg am James River nahe Shockoe Slip, stellt hingegen in multimedial-abwechslungsreicher Form den Bürgerkrieg aus verschiedenen Blickwinkeln anschaulich dar: aus Sicht der Union, der Konföderierten und der Afroamerikaner. Eher für Kunstfreunde geeignet ist das Virginia Museum of Fine Arts, das mit seinem breiten Spektrum von Kunstwerken von der Frühzeit bis zur Moderne zu den besten Kunstmuseen an der Ostküste zählt.

An der Franklin Street, einer Prachtallee, die aus dem Stadtzentrum herausführt, reihen sich die Monumente bedeutender Virginians aneinander. Die Südstaatenhelden Robert E. Lee, »Stonewall« Jackson, W. E. B. Stuart oder Jefferson Davis sind hier ebenso vertreten wie Persönlichkeiten aus anderen Bereichen, zum Beispiel der Wissenschaftler Matthew Fontaine Maury oder der von hier stammende schwarze Tennisstar Arthur Ashe.

Pulverdampf und Schützengräben

An die Ereignisse im Bürgerkrieg wird nicht nur in Richmond, sondern auch in den benachbarten Orten Fredericksburg und Petersburg erinnert. In dem heute beschaulichen historischen Städtchen Fredericksburg, nördlich von Richmond, auf halbem Weg nach Washington gelegen, erinnert ein Nationalpark an die Ereignisse von 1862, als hier heftige Gefechte tobten. Berühmt ist der Ort jedoch besonders als Heimat der Familie von George Washington und des fünften US-Präsidenten James Monroe (amtierend 1817–1825). Im südlich von Richmond gelegenen Petersburg führt dann das National Museum of the Civil War Soldier im Pamplin Historical Park anschaulich ins Bürgerkriegsgeschehen ein. Es gilt als eines der besten Bürgerkriegsmuseen im Land und der Pamplin Historical Park ist bekannt für seine Reenactments, Nachstellungen. Darüber hinaus wurden Bürgerkriegsschauplätze, Schützengräben und Verteidigungswälle im Umfeld von Richmond zum »Richmond National Battlefield Park« zusammengefasst. Ein insgesamt rund 130 Kilometer langer Rundkurs verbindet die einzelnen Punkte miteinander. Am besten informiert man sich vorweg im zentralen Besucherzentrum, das im erwähnten American Civil War Center untergebracht ist.

»There stands Jackson like a stonewall!«

Auch auf dem Weg von Washington ins Hinterland Virginias stößt man auf Spuren des Bürgerkriegs. So fanden nahe der Ortschaft Manassas ebenfalls zwei Schlachten statt: Die First Battle of Manassas am 21. Juli 1861 war das erste Aufeinandertreffen der Unions- und der konföderierten Truppen. Ziemlich überheblich hatten die Yankees aus dem Norden die Begegnung zum »Event« hochstilisiert, und halb Washington war am Schlachtfeldrand live mit von der Partie. Als jedoch die Südstaatler dank strategischer Glanzleistungen von Offizieren wie »Stonewall« Jackson einen überraschenden Sieg errangen, suchten Zuschauer wie Soldaten schnell das Weite. Als sich im August 1862 Union und Konföderierte hier erneut gegenüberstanden, gingen am Ende ebenfalls die Konföderierten als Sieger hervor.

Dabei war Thomas Jonathan Jackson (1824–1863) gar nicht zum Helden geboren und wollte auch nie einer sein. Jackson war vielmehr ein sehr zurückhaltender Mann, der am 10. Mai 1863 recht unspektakulär an den Folgen ei-

Nahe der Ortschaft Manassas fanden gleich zwei Bürgerkriegsschlachten statt.

ner Schussverletzung, die ihm ein eigener Soldat zugefügt hatte, starb. Dennoch wurde »Stonewall« Jackson, wie der Südstaatengeneral schon zu Lebzeiten genannt wurde, als Held verehrt und später zusammen mit Oberbefehlshaber Robert E. Lee und Konföderiertenpräsident Jefferson Davis am Stone Mountain bei Atlanta in Gestalt eines überdimensionalen Denkmals in Stein verewigt.
Zwei Jahre als Offizier im Bürgerkrieg hatten genügt, um den unscheinbaren Lehrer am Virginia Military Institute in der Kleinstadt Lextington im Shenandoah Valley unsterblich zu machen. Nach Abschluss der Military Academy in West Point und Einsatz im Mexikanischen Krieg hielt Jackson ab 1851 eine Professur für Natural Philosophy and Artillery Tactics am VMI inne. Seine Vorlesungen über Naturphilosophie galten an der Hochschule als todlangweilig, anders seine nachmittäglichen Artillerietaktikübungen, bei denen er voll in seinem Element war. Ordnung und Disziplin spielten im Leben des introvertierten und wortkargen Mannes eine große Rolle. Sein Alltagsleben glich dem vieler Zeitgenossen: Er leitete eine Sonntagsschule für Schwarze, gehörte dem lokalen Literatur- und Politikklub an und hielt routinemäßig an einem starren Tagesablauf fest, bei dem gesunde Ernährung, Spaziergänge und Wasserkuren von ganz besonderer Bedeutung waren.
Als er sich am 21. April 1861 von seiner Frau Mary Anna verabschiedete, um seiner Pflicht als Berufsoffizier in der Armee von Robert E. Lee nachzukommen, sollte er in nur zwei Jahren Militärgeschichte schreiben. Mit eiserner Disziplin und taktischen Finessen gelang es ihm, den anfänglichen Ansturm der Nordstaaten jäh zu unterbinden. Am 16. Juli 1861 bei Manassas hatten sich in der ersten Schlacht des Bürgerkriegs die Nordstaatler schon als sichere Gewinner gefühlt, dann leiteten Jacksons Truppen eine Wende ein. Mit dem Ruf »There stands Jackson like a stonewall!« setzte Offizier Barnard Bee zum entscheidenden Gegenschlag an. Seither hielt »Stonewall« die Unionstruppen in Schach und ging vor allem wegen seiner Verteidigungsgefechte 1862 im Shenandoah Valley in die Geschichte ein.

Edle Tropfen aus Virginia

Das Hinterland Virginias, das geografisch mit dem Vorland der Appalachen zusammenfällt, macht in den letzten Jahren nicht nur als Naherholungsgebiet von Washington und Richmond von sich reden, sondern besonders wegen seiner Weingüter. In der hügeligen, klimatisch bevorzugten Region sind vermehrt Weingüter entstanden, die teilweise überraschend gute Tropfen hervorbringen. Inzwischen gibt es über hundert Kleinbetriebe, die sich auf den berühmten ersten Weinbauern Virginias berufen: Thomas Jefferson, der auf seinem Gut Monticello bereits mit Weinbau experimentiert hatte. Es sollte allerdings bis hinein ins späte 20. Jahrhundert dauern, bis die Weinproduktion in Virginia schließlich professionelle Wege einschlug.
Zu den inzwischen für edle Tropfen bekannten Weingütern gehört Naked Mountain Vineyard & Winery, ein kleines Weingut in spektakulärer Lage am Fuße der Appalachen. Empfehlenswert ist dort beispielsweise der Chardonnay. Ein noch winzigeres

Ob schlichter Diner oder historische Taverne, Virginia hat auch kulinarisch einiges zu bieten.

Im östlichen Appalachenvorland Virginias gedeihen edle Tropfen.

Gut, das in erster Linie ebenfalls für Chardonnay bekannt ist, ist Linden Vineyards. Auch im Umfeld von Jeffersons altem Wohnsitz, nahe dem Universitätsstädtchen Charlottesville, sorgen Weingüter für Aufsehen. Das Bekannteste unter ihnen ist, allein wegen des Namens, Jefferson Vineyards, neueren Datums ist hingegen Kluge Estate, das in Rita Mae Browns Krimi »Die kluge Katze baut vor. Ein Fall für Mrs. Murphy« (»Sour Puss«, 2007) gewürdigt wurde. Die nahen Barboursville Vineyards gelten in Fachkreisen als einer der Geburtsorte des modernen Weinanbaus in Virginia. Vor etwa 30 Jahren hatten hier der italienische Winzer Gianni Zonin und sein Weingartenmanager Gabriele Rausse mit dem Anbau begonnen. Ihnen gelang es, Sorten wie Cabernet Franc, Sangiovese, Viognier, Pinot Gris erfolgreich zu kultivieren und damit Jeffersons Traum vom »Weinland Virginia« zu verwirklichen.

»Essay on Architecture«

Charlottesville liegt im Südwesten Virginias, im östlichen Appalachenvorland, und ist einerseits berühmt geworden als Geburtsort von Thomas Jefferson und andererseits als prächtiger Sitz der University of Virginia, deren Campus fast den ganzen Westteil der Stadt einnimmt. 1816 war die Universität als »Central College« mithilfe von Jefferson gegründet und nach dessen Plänen zwischen 1822 und 1826 erbaut worden.

Jeffersons Idee war, eine akademische Kleinstadt mit Unterkünften für alle Beteiligten in nächster Nähe zum Lehrinstitut zu gründen. Als Vorbild diente ihm klassische und klassizistische Architektur, besonders die Renaissancebauten des italienischen Renaissancebaumeisters Andrea Palladio und das antike Pantheon in Rom. Im Zentrum des Universitätscampus steht unübersehbar die Rotunde, ein Musterbeispiel klassizistischen Bauens in den USA. Höhepunkt des als Bibliothek genutzten Baus ist der Kuppelraum, der ursprünglich als Lesesaal konzipiert war, heute aber zu formellen Anlässen genutzt wird. Die Rotunde bildet das Kopfende von Kolonnadengängen, die hufeisenförmig eine Rasenfläche, den Lawn, rahmen. Ursprünglich hatten Jeffersons Pläne vorgesehen, dass das gegenüberliegende Ende nicht bebaut werden sollte, um freien Blick auf die Bergwelt der Appalachen zu gewähren; nach seinem

Tod wurde jedoch auch hier gebaut. Dass Jefferson (1743–1826) kein bloßer Theoretiker, sondern ein Mann der Tat war, zeigt sein Gutshof Monticello nahe dem Universitätsstädtchen Charlottesville. Als »Essay on Architecture« – als Musterbeispiel der Architektur – bezeichnete Jefferson dieses von ihm geplante Haus, das zugleich Ausdruck seines Architekturverständnisses und seiner Vorliebe für Innovationen war. In Europa kennengelernte Baudetails wie ungewöhnliche Wanddurchbrüche und Grundrisse realisierte er ebenso wie seiner Zeit vorausweisende Errungenschaften, beispielsweise einen Speiseaufzug oder platzsparende Wandschränke.

Das Universalgenie Jefferson war jedoch nicht nur als Baumeister tätig, sondern auch als Designer. Er entwarf Vorhänge und Möbel, erwarb passende Kunstwerke und Ausstattungsgegenstände in Williamsburg, Paris, London, New York und Philadelphia. Nach seinen Entwürfen entstanden Dekorationen, Stuckaturen an Decken oder Kaminummantelungen, Durchbrüche und Treppenaufgänge, wobei viele Details antiken römischen Bauten abgeschaut waren. Jefferson verstand sich auf geschickte Inszenierungen, und so wurde Monticello zum geschmackvollen und für seine Zeit revolutionären Gesamtkunstwerk, das trotzdem gemütlich und behaglich wirkt. Jeffersons gärtnerische Talente kommen auf dem Gelände rings um das Haus zum Ausdruck: Nach seinen Plänen angelegt, sind sie Ausdruck seiner Experimentierfreude, seiner umfassenden biologischen Kenntnisse und Interessen. Über 160 Baumarten sind vertreten und ein riesiger

Jefferson plante Charlottesville als akademische Kleinstadt.

Gemüse- und Obstgarten, in dem er mit unzähligen Sorten experimentierte.

Jefferson starb am 4. Juli 1826 auf seinem Gut Monticello, auf den Tag genau 50 Jahre nach der Verkündung der Unabhängigkeitserklärung. Er hinterließ hohe Schulden, und der Großteil seines Besitzes inklusive der Sklaven wurde im Januar 1827 versteigert. 1923 erwarb dann die Thomas Jefferson Memorial Foundation das Anwesen und Teile seiner Ausstattung zurück, rettete es vor dem Verfall und machte es schließlich der Öffentlichkeit zugänglich.

Wissenswertes

Hotel

• Viele illustre Gäste stiegen schon im 1895 eröffneten Luxushotel »Jefferson« in Richmond/Virginia ab (www.jeffersonhotel.com). Preiswerter: das Williamsburg Sampler B&B (www.williamsburgsampler.com).

Nicht versäumen

• Die archäologischen Forschungen von Jamestown (www.apva.org/jr.html);
• eine Zeitreise durch die einstige Kolonialhauptstadt Virginias, Colonial Williamsburg (www.history.org);
• historische Informationen zum Bürgerkrieg im Colonial National Historical Park sammeln (www.nps.gov/colo);
• die alte Südstaatenhauptstadt Richmond und Edgar Allan Poe entdecken (www.visitrichmondva.com und www.nps.gov/rich);
• Thomas Jeffersons Landhaus Monticello, ein architektonisches Meisterwerk (www.monticello.org);
• leckere Tropfen in Virginias Weingütern verkosten (www.virginiawines.org).

Nicht nur Staatsmann und Architekt – Jefferson war auch als Gärtner begabt.

Die »Old Frontier«

Kentucky, Tennessee, Virginia, West Virginia

Bereits im 17. Jahrhundert befanden sich unter den ersten Siedlern Unruhegeister, die neugierig gen Westen blickten. Ihrem Abenteuergeist, der durch den wachsenden Siedlungsdruck im Osten forciert wurde, ist es zu verdanken, dass sich die »Old Frontier« – die Grenze zwischen europäisch-»zivilisierter« und indianisch-»unzivilisierter« Welt – allmählich westwärts über die Appalachen, hinein in die Wildnis Kentuckys, Tennessees und Ohios verschob.

Sonnenuntergang über den Hügelketten der Appalachen. Dieser Gebirgszug durchzieht den Osten auf rund 2400 Kilometern von Kanada bis in den tiefen Süden.

Die Lurie Caverns im westlichen Virginia sind ein riesiges Höhlensystem und eine der meistbesuchten Attraktionen des Staates.

Ein großer Teil der Blue Ridge Mountains im Grenzgebiet von North Carolina und Tennessee ist als »Great Smoky Mountains National Park« unter Schutz gestellt.

»Land der Zukunft« nannten die Irokesen das heutige Kentucky. Dennoch ist noch genügend Beschaulichkeit und Idylle geblieben.

An der Grenze ins Unbekannte

Die Cherokee-Indianer nannten die Blue Ridge Mountains »Ort des ewig blauen Rauches«.

Die Appalachen ziehen sich im Hinterland der Atlantikküstenebene als einer der längsten Gebirgszüge der Welt über rund 2400 Kilometer von Nordosten nach Südwesten, von der kanadischen Provinz New Brunswick über die Neuengland-Staaten, die Bundesstaaten New York, Pennsylvania, Virginia, West Virginia, North Carolina, Kentucky, Tennessee und Georgia bis nach Alabama im tiefen Süden. Vom Profil her sind die Appalachen ein Mittelgebirge, deren höchste Gipfel kaum 2000 Meter erreichen und eher an den Schwarzwald erinnern als beispielsweise an die grandiose Bergwelt der Rocky Mountains.

Kein Fluss quert die Appalachen, und das ist einer der Gründe, warum in der frühen Kolonialzeit die Berge als fast unüberwindbar, als »frontier« oder Barriere galten. Mehrere wasserreiche Flüsse entspringen hingegen in den Appalachen, um sich entweder in den Atlantik (Hudson, Susquehanna oder Connecticut River) oder in den Golf von Mexiko (Ohio oder Tennessee River) zu ergießen.

Heute kann man sich kaum mehr vorstellen, wie bedrohlich das Gebirge einmal auf die frühen Siedler wirkte. Es waren Abenteurer wie Daniel Boone (1734–1820), die sich in die Wälder und auf die Berge wagten. Boone ebnete den Weg für die sogenannte Wilderness Road, die sich durch die legendäre Cumberland Gap im heutigen Tennessee hinein nach Kentucky zog, und Boone war es auch, der die Besiedlung jenseits der Appalachen einleitete: »Ein gutes Gewehr, ein gutes Pferd und eine gute Frau«, waren seiner Ansicht nach alles, was ein Siedler brauchte.

Natur pur im Hinterland Virginias

Trotz der dichten Besiedelung gibt es selbst noch heute die Möglichkeit, in die Fußstapfen dieses ersten Abenteurers zu treten: beispielsweise auf dem Appalachian Trail, Teil des National Park Systems. Über fast 3500 Kilometer zieht sich der Wanderweg, kurz »A. T.« genannt, wie ein schmaler Korridor auf dem Hauptkamm der Appalachen von Nordosten südwärts. Ausgehend vom 1605 Meter hohen Mount Katahdin im Baxter State Park in Maine schlängelt sich der durchgehend ausgeschilderte Wanderweg durch 14 verschiedene Bundesstaaten und 60 Federal, State und Local Parks und Forests bis zu seinem Endpunkt, dem 1153 Meter hohen Springer Mountain in Georgia.

Zwei Nationalparks dienen heute dem Schutz weiter Teile der Appalachen. Im Hinterland von Virginia, nur wenige Autostunden von Washington entfernt, liegt als Erster der Shenandoah National Park. Dieses 1936 von Franklin D. Roosevelt zum Nationalpark erklärte Gebiet bedeckt eine Fläche von insgesamt 790 Quadratkilometern und misst von Nordosten nach Südwesten rund 100 Kilometer. Das Parkgebiet schließt einen Gebirgszug der Appalachen ein, dessen Gipfel Höhen von rund 1200 Metern erreichen. Der Bergzug geht nach Osten ins Piedmont-Plateau über und fällt nach Westen zu ins große fruchtbare Tal des Shenandoah River ab.

Der Shenandoah National Park besteht beinahe zur Hälfte aus unzugänglicher Wildnis, durchsetzt von Wasserfällen, Wildblumenwiesen und Bergen, und wird vom Skyline Drive und anderen Wanderwegen wie dem »A. T.« durchzogen. Der Skyline Drive, eine rund 170 Kilometer lange »Scenic Route«, die 1939 fertiggestellt wurde, geht im Süden von Virginia, nahe Charlottesville, in den Blue Ridge Parkway über. Dieser wiederum verbindet den Shenandoah mit dem zweiten Nationalpark in den Appalachen, dem Great Smoky Mountains National Park im südlichen North Carolina.

Der Brotkorb der Konföderierten

Mitten im Shenandoah Valley, das sich im Grenzgebiet zwischen Virginia und West Virginia erstreckt, liegt die Kleinstadt Staunton, ein beschaulicher Ort mit historischer Bausubstanz. Wie Manassas oder Richmond spielte Staunton im Bürgerkrieg eine Rolle, auch hier fanden etliche Schlachten statt. Aufgrund seiner Lage, im Süden des Shenandoah-River-Tals, fungierte der Ort als Zentrum des »Breadbasket of the Confederacy«, des Nachschublagers der Südstaaten. Beim Einmarsch der Unionstruppen am 6. Juni 1864 gelang es mithilfe vieler hier lebender Unionssympathisanten, die Stadt vor der Zerstörung zu bewahren. Auf diese Weise blieb die Altstadt mit zahlreichen Antebellum-Gebäuden, in die Antiquitätenshops und Galerien, Boutiquen und Cafés, Pubs und Kneipen eingezogen sind, intakt erhalten.

Hauptattraktion von Staunton ist der Woodrow Wilson Birthplace, das Ge-

Grotto Falls im Great Smoky Mountains NP.

Die frühen Siedler hausten bescheiden.

burtshaus des 28. Präsidenten der USA, von 1846. Hier hatte Wilson als Pfarrerssohn am 28. Dezember 1856 das Licht der Welt erblickt. Das liebevoll restaurierte Haus vermittelt heute ein gutes Bild vom Leben einer Familie in der Zeit vor dem Bürgerkrieg. Im Osten des Ortes befindet sich das Frontier Culture Museum, ein Freilichtmuseum, in dem man das Leben der ersten Siedler im 18. Jahrhundert im fruchtbaren Shenandoah River Valley mit Nachbauten und durch kostümierte Museumsangestellte vorgeführt bekommt.
Südlich liegt das Städtchen Lexington, Heimat eines weiteren legendären Helden der Konföderierten: »Stonewall« Jackson, der im lokalen Virginia Military Institute, eine der berühmtesten Militärakademien der USA, lehrte. Das George C. Marshall Museum auf dem Campus erinnert an ein anderes berühmtes Mitglied des VMI: Der ranghöchste General im Zweiten Weltkrieg war durch seinen Marshallplan berühmt geworden und hatte für dieses wirtschaftliche Wiederaufbauprogramm 1953 zusammen mit Albert Schweitzer den Friedensnobelpreis erhalten.

Auf dem Blue Ridge Parkway

Der Blue Ridge Parkway schlängelt sich über etwa 750 Kilometer durch die südlichen Appalachen. Entlang der seit 1935 als Schutzgebiet ausgewiesenen Strecke reihen sich Naturparks, Aussichtspunkte, historische Marker und Besucherzentren aneinander. Größere Städte und Topattraktionen sind rar, dafür handelt es sich um ein Mekka für Natur- und Wanderfreunde.
Der Great Smoky Mountains National Park, an dem der Blue Ridge Parkway, bei Cherokee, endet, wurde bereits ein Jahr vor der Straße ins Leben gerufen. Eine blühende Holzwirtschaft hatte damals fast zur Rodung des einzigartigen Waldbestands der Appalachen geführt. Maßnahmen zur Umsiedelung der Holzindustrie in den Westen, vor allem aber der engagierte Einsatz für die Rettung des Waldes im Jahr 1904 von Horace Kephart, einem Unternehmer aus St. Louis, fruchteten erst 30 Jahre später: Am 15. Juni 1934 wurde das Areal zum Nationalpark erklärt. Ermöglicht worden war dies durch Spenden – fünf Millionen Dollar kamen allein von John D. Rocke-

Blick von den Blue Ridge Mountains auf die ausgedehnte Küstenebene.

Die Cherokee halten in ihrer alten Heimat an Traditionen fest.

feller – und Landgeschenke der beiden involvierten Bundesstaaten North Carolina und Tennessee. Heute zählen die Great Smokies dank Aufforstung wieder zu den größten zusammenhängenden Waldgebieten der USA. Die Vielfalt an Laubbäumen – vor allem Buchen, Eichen, Birken, Rosskastanien und verschiedene Ahornarten – lässt den Park während der Laubfärbung im Herbst sogar mit Neuengland in Konkurrenz treten.

Der »Trail of Tears«

»Shaconage«, Ort des ewig blauen Rauches, nannten die Cherokee-Indianer ihre alte Heimat, die Blue Ridge Mountains, den südlichen Teil des Appalachengebirges und den heutigen Kern des Great Smoky Mountains National Park. Wer an einem sonnigen Herbstmorgen auf einem der Hügel steht, versteht die Herkunft des Namens: Bläulich schimmernd steigen die Nebelschwaden langsam aus den Tälern auf, um sich über den bewaldeten Bergen, wie von Zauberhand weggewischt, im gleißenden Sonnenlicht aufzulösen beginnen.

1838 hatten Mitglieder des Indianerstamms in den dichten Wäldern der Great Smokies wegen der drohenden Deportation nach Oklahoma Zuflucht gesucht. Die US-Regierung hatte damals auf Druck von Bodenspekulanten und wegen des zunehmenden Ansturms von Siedlern die überlebenden Indianer zur Umsiedlung in den Westen gezwungen. Auf dem militärisch begleiteten Marsch nach Oklahoma, dem »Trail of Tears«, kamen über 4000 der insgesamt 16 000 Indianer, Cherokee sowie Mitglieder der anderen vier sogenannten zivilisierten Indianernationen – Chickasaw, Choctaw, Creek und Seminole – ums Leben. Ein dunkles Kapitel in der Geschichte der Beziehungen zwischen Indianern und US-Regierung.

Die Nachfahren jener Cherokee-Splittergruppe, die sich der Umsiedlung entziehen konnten, sind mittlerweile als unabhängige Cherokee-Nation anerkannt. Sie leben nach eigenen Gesetzen und mit selbstständiger Verwaltung in einem Reservat südöstlich des Great Smoky Mountains National Park um den Ort Cherokee. Das sehenswerte Museum of the Cherokee Indian und das Oconaluftee Indian Village erinnern dort an die Geschichte und Kultur des Indianervolks.

Die »Whiskey Rebellion«

Die Kunst des Whiskeybrennens kam im 17. Jahrhundert in Virginia und Pennsylvania auf, forciert durch schottische und irische Siedler, die Destilliergeräte mitgebracht hatten. Es sollte nicht lange dauern, bis Whiskey sogar den an der Küste verbreiteten Rum und Brandy an Beliebtheit überholt hatte. Doch dann machte sich George Washington 1791 mit der Einführung einer neuen Verbrauchssteuer

1863 erwarb Jack Daniel seine heute legendäre Whiskeydestillerie.

für Spirituosen höchst unbeliebt, und es kam drei Jahre später zur »Whiskey Rebellion«, der allerdings kein Erfolg beschert war: 13 000 Soldaten wurden aufgeboten, um die erbosten Brenner zu »besänftigen«. 1802 wurde die Steuer wieder aufgehoben.

Zu diesem Zeitpunkt hatten viele Whiskeybrenner ihre Destilliergeräte bereits eingepackt und waren westwärts nach Kentucky und Tennessee gezogen. Den nötigen Roggen gab es hier zwar kaum, aber man machte aus der Not eine Tugend und stellte die Produktion auf den bereits von den Indianern angebauten Mais um. Die neue Rezeptur bewährte sich und ist, wie die Herstellungsweise, bis heute unverändert geblieben.

Whiskey oder Whisky? In Schottland schreibt man das Getreidedestillat ohne »e«, und dort soll es auch erstmals gebrannt worden sein. Doch dieses Vorrecht beanspruchen gelegentlich auch die Iren. Aus Schottland stammt die grundsätzliche Unterscheidung zwischen Malt Whisky einerseits und Scotch oder Blended andererseits. Bei Letzterem handelt es sich um ein Gemisch aus bis zu 40 verschiedenen Malt Whiskys (aus gemälzten Getreide, vor allem Gerste) und Grain Whiskys (aus Rohgetreide). In den USA nennt man einen Malt auch »Straight Whiskey«, wobei den Löwenanteil hier die Bourbons bilden, die eigentlich »Corn Whiskeys« sind, da sie zu 51 bis 79 Prozent aus Mais bestehen.

Benannt nach dem französischen Herrschergeschlecht, das im 18. Jahrhundert in Kentucky die Bourbon County besaß, darf die Bezeichnung »Bourbon« ausschließlich für amerikanische Produkte benutzt werden, streng genommen nur für Destillate aus der betreffenden Region in Kentucky. Heute besteht das Angebot an amerikanischen Whiskeys in erster Linie aus Straights oder, genauer, aus Kentucky Bourbons wie »Wild Turkey«, »Maker's Mark«, »Knob Creek« oder dem Massenprodukt »Jim Beam«. Beinahe legendärer sind jedoch die Whiskeys aus Tennessee, beispielsweise der weltberühmte »Jack Daniel's«.

Die älteste Whiskeydestillerie

»Bei uns gehen die Uhren anders!« – darauf sind die rund 360 Einwohner des Dorfes Lynchburg in den Cumberlandbergen, Ausläufern der Appalachen im Süden Tennessees, stolz. Die meisten Häuser und auch das County Courthouse des 1833 gegründeten Ortes gruppieren sich um den Historic Town Square, und man glaubt fast, die Zeit sei hier stehen geblieben. Auf der Main Street kennt jeder jeden, man trifft sich im Hardware & General Store oder zum Mittagessen in Miss Mary Bobo's Boarding House.

Fielen nicht jährlich rund eine Viertelmillion Besucher in den Ort ein, wäre er ein unbedeutender Fleck auf der Landkarte geblieben. Doch die Leute kommen, weil sich ausgerechnet hier die älteste eingetragene Brennerei der USA befindet. Jasper Newton Daniel, kurz »Jack« genannt und 1850 geboren, hatte als 13-Jähriger per Handschlag seinem Ziehvater, einem Pastor, eine alte Whiskeybrennerei abgekauft. Drei Jahre später ließ er seine Whiskeydestillerie als die »No. 1« ins Handelsregister eintragen und kaum vier Jahre später galt er als größter Whiskeyproduzent im Lande – und das ohne jegliche Ausbildung oder Werbung.

Jack Daniel's war schon im 19. Jahrhundert äußerst beliebt gewesen, und selbst während der Prohibition im frühen 20. Jahrhundert blühte der Handel, wenn auch illegal. Heute wirkt die kleine Firma mit ihren antiquiert wirkenden Gerätschaften fast schon fehl am Platz. Doch das passt zum Image von Jack Daniel's: »Good Ol' Tennessee Whiskey« bedarf nicht moderner Technik, sondern langjähriger Erfahrung und viel Geduld, und das, obwohl das Unternehmen längst die größte Whiskeybrennerei der USA mit einem Ausstoß von sechs Millionen Kisten ist. Auch weltweit ist Jack Daniel's die Nummer eins und wird in 130 Länder exportiert; die meisten Flaschen gehen davon übrigens nach Deutschland!

Knoxville – zwischen Great Smokies und Bluegrass

Bis ins 18. Jahrhundert hinein waren Chickasaw- und Cherokee-Indianer in der Wildnis im Nordosten von Tennessee weitgehend unter sich geblieben. 1768 begann dann mit dem Abenteurer William Bean eine neue Episode: Europäische Siedler gründeten Niederlassungen, und schon 1796

In Kentucky, wie hier bei Jim Beam, wird Bourbon gebrannt.

wurde Tennessee als 16. Staat in die Union aufgenommen. Ins Rampenlicht rückte der Bundesstaat während des Bürgerkriegs 1861 bis 1865: Orte wie Shiloh, Stones River, Chickamauga und Chattanooga erinnern noch heute an dieses traurige Kapitel in der amerikanischen Geschichte.

Roosevelts New Deal und die Tennessee Valley Authority läuteten zu Beginn des 20. Jahrhunderts bessere Zeiten ein. Der Weltausstellung 1982 in Knoxville, der Metropole und Universitätsstadt im Nordosten, ist es zu verdanken, dass der Staat touristisch entdeckt wurde. Noch im frühen 19. Jahrhundert hatte das Städtchen als Tor in den »Wilden Westen« gedient, heute präsentiert es sich vor allem als »Gateway to the Smokies« und als lebendige und attraktive Universitätsstadt. 1791 hatte der erste Territorialgouverneur William Blount hier »James White's Fort« errichten lassen, das heute – wie sein Wohnhaus – die Blount Mansion, am Rand von Downtown zu besichtigen ist. Die Weltausstellung 1982, das Energieunternehmen TVA als Hauptwirtschaftsfaktor und die University of Tennessee als treibende Kraft auf kulturellem und sportlichem Gebiet ließen Knoxville aufblühen. Neben dem Knoxville Museum of Art ist heute die Womens' Basketball Hall of Fame, in der die Rolle der Frau in einer der populärsten Sportarten der Welt gewürdigt wird, Hauptattraktion der Stadt.

Knoxville gilt aber auch als Heimat der Country und Bluegrass Music – als »training ground before Nashville«, wie die Fachleute sagen. Viele Stars wie Roy Acuff oder Dolly Parton, die später in Nashville das große Geld verdienten, unternahmen in Knoxville ihre ersten Schritte, und das ist noch heute so. Für die Verbreitung der lokalen Musikszene sorgt seit über zehn Jahren der Country-Sender WDVX, den man überall im Umkreis der Stadt hören kann und der täglich zur Mittagszeit am Knoxville Visitors Center ein kostenloses Konzert veranstaltet.

Unterwegs auf der »Wilderness Road«

Möchte man die etwas verschlossen wirkenden, aber überaus musikalischen Bewohner im wenig besiedelten Hinterland von Knoxville besser verstehen, sollte man das etwa 25 Kilometer nördlich, in Norris gelegene Museum of Appalachia besuchen. Es bietet als Freiluftmuseum eine gute Vorstellung vom Leben der Bergbewohner im Grenzland zwischen Tennessee und Kentucky und informiert über ihre in letzter Zeit wieder populär gewordene Musik, das Bluegrass.

»Stehe am Cumberland Gap und sehe, wie die Zivilisation im Gänsemarsch vorbeizieht: der Bison, dann der Indianer, der Pelzhändler und Jäger, der Viehzüchter, der Siedler – und schon ist die Frontier weitergezogen ...«, so schrieb 1893 der Historiker Frederick Jackson Turner in seinem Hauptwerk »The Significance of the Frontier in American History«. Er behauptete auch, dass die USA durch das Aufeinandertreffen von Zivilisation und Wildnis an der sich immer weiter nach Westen verschiebenden »frontier« geprägt worden seien.

Heute erinnert der Cumberland Gap National Historical Park (www.nps.gov/cuga), das erste Tor zum Westen, an jenen ersten Trail, der von den ehemaligen Kolonien an der

Trotz moderner Highways gehen in Kentuckys Hinterland die Uhren noch langsamer.

Straßen spielten bei der Besiedelung der »Old Frontier« schon immer eine wichtige Rolle.

Ostküste in die Wildnis des Westens führte. Es waren Indianer, die einem Bisonpfad über die Berge folgten und den Pass als Erste nutzten.

1775 erkundete nach Abschluss eines Friedens- und Landabtretungsvertrags mit den Cherokee der Trapper Daniel Boone den Indianerpfad und markierte die sogenannte »Wilderness Road«, die hinein ins vormals unbekannte Kentucky führte. Bis zum Ende des Unabhängigkeitskriegs waren dem Pfad bereits mehr als 12 000 Siedler gefolgt. 1792, als das Siedlungsgebiet als 15. Staat in die Union aufgenommen wurde, lebten dort über 100 000 Weiße in Kentucky.

Bis 1810 waren an die 300 000 Siedler auf der Wilderness Road ins »gelobte Land« gezogen. Dann begann man mithilfe von Kanälen, wie dem 1825 eröffneten Erie Canal, und Dampfschiffen auf dem Mississippi schnellere, bequemere und sicherere Wege zur Erschließung des Landes zu entdecken. Die Wilderness Road geriet nach und nach in Vergessenheit. Erst 1940 erkannte man die Bedeutung des Weges für die Urbarmachung des Westens wieder und erklärte das Areal um den Cumberlandpass zum Nationalpark.

Besuch im »Land der Zukunft«

Pferde und Whiskey sind heute die populärsten Produkte aus »Ken-tahten«, wie die Irokesen den heutigen Bundesstaat nannten. Ob die Ureinwohner wohl ahnten, dass dieses »Land der Zukunft«, wie es frei übersetzt heißt, nur den weißen Siedlern als Sprungbrett in eine bessere Zukunft dienen sollte?

Heute leben in Kentucky, im Land südlich des mächtigen Ohio River, rund 4,2 Millionen Menschen. Das Universitätsstädtchen Lexington und Louisville sind die beiden Metropolen des Bundesstaats, Hauptstadt ist das beschauliche Frankfort mit seinen nur rund 27 000 Einwohnern. Noch etwas anderes hat Kentucky weltberühmt gemacht: »KCF«, »Kentucky Fried Chicken«. 1930 hatte ein gewisser Harland »Colonel« Sanders in einer Tankstelle in der Kleinstadt Corbin sein erstes Schnellrestaurant eröffnet, in dem es vor allem panierte und frittierte Hühnerteile gab. Inzwischen gibt es über 12 000 Filialen in aller Welt, und das als Werbesymbol verwendete Bild des »Colonel« kennt jedes Kind.

Edle Pferde im »Bluegrass State«

Während der Westen von Kentucky als Teil der Golfküstenebene von sanften Hügeln und weiten Tälern geprägt ist, erstreckt sich im Zentrum die sogenannte Lexington-Tiefebene. Man nennt sie nach dem vorherrschenden Bewuchs auch »Bluegrass Region«, und sie hat dem ganzen Bundesstaat zum Spitznamen »Bluegrass State« verholfen. Wegen ihrer großflächigen Wiesen und Weideflächen ist dieses Areal zugleich Kentuckys Zentrum für Pferdezucht. Den Osten des Staates macht dagegen ein Teil des Appalachengebirges aus, das sogenannte Cumberland Plateau. Die bewaldeten Bergrücken in dieser Gegend werden von Einschnitten oder Spalten, »Gaps« genannt, unterbrochen, deren berühmteste die schon erwähnte Cumberland Gap ist, über die einst die Wilderness Road führte.

Doch zurück zu den Pferden. Seit über 200 Jahren gehört die Pferdezucht untrennbar zum Staat, besonders die Rennpferdezucht ist weltweit renommiert. Auf legendären Farmen wie Claiborne, Gainsborough oder Juddmonte werden jährlich über 10 000 Vollblutfohlen geboren, etwa ein Drittel der »Weltproduktion«, und auf Auktionen zahlen Liebhaber für einjährige Rennpferde bis zu acht Millionen Dollar.

Das American Saddlebred Horse

Doch nicht nur Rennpferde haben Kentucky in Reiterkreisen berühmt gemacht. Hier hat man im 18. Jahrhundert begonnen, die aus Großbritannien eingeführten robusten Arbeitspferde mit den in den Kolonien vorhandenen Rassen aus anderen Teilen der Welt zum Typ des American Saddlebred Horse zu kreuzen. Ziel war ein ausdauerndes und vielseitig einsetzbares Gebrauchs- und Wagenpferd, das aufgrund seiner Gangarten zudem angenehm zu reiten war. So gelten die meisten Saddlebreds als Viergänger, die in Schritt, Trab, Tölt und Galopp geritten werden können. Der Name »Saddlebred« – für den Sattel gezüchtet – hat sich so für die ganze Rasse einbürgert.

Im Laufe des 19. Jahrhunderts veränderte sich dann das Zuchtziel. Saddlebreds wurden als Gebrauchspferde von anderen, robusteren Rassen wie dem Morgan Horse oder dem heute so beliebten Quarter Horse abgelöst. Das

Seit über 200 Jahren zählt das Kentucky Derby zu den wichtigsten Pferderennen der Welt.

»The Greatest«

»Float like a butterfly, sting like a bee!« – »Schweb wie ein Schmetterling, stich zu wie eine Biene!« Nach dieser Devise mauserte sich ein unscheinbarer dunkelhäutiger Junge aus Louisville, Kentucky, nicht nur zum größten Boxer aller Zeiten, sondern auch zum nationalen Idol, wie ihn einmal der berühmte Schriftsteller Norman Mailer bezeichnete. Am 17. Januar 1942 erblickte Cassius Clay das Licht der Welt, und er sollte als Muhammed Ali, wie er sich seit 1964 und seiner Konversion zum Islam nannte, Generationen von Menschen in aller Welt zu Boxfans machen.

Ein Zufall trug dazu bei, dass aus dem schlaksigen Zwölfjährigen der größte Boxer aller Zeiten wurde: Nachdem man ihm sein neues Fahrrad gestohlen hatte, erzählte der aufgebrachte Junge dem Polizisten Joe Martin, er würde den Dieb verprügeln. Martin, der ein Boxstudio betrieb, riet dem Jungen, er solle erst einmal bei ihm das Boxen lernen. Cassius wurde fortan Dauergast in der Halle, und eine ungewöhnliche Karriere nahm ihren Anfang. Schon in seinen ersten Jahren zeigte Clay jene Züge, die ihn berühmt machten: Sprüche klopfen und Prahlerei, wie stark und unbezwingbar er sei. Tatsächlich war er stets schneller und beweglicher als die meisten seiner Gegner. Seinen Boxstil prägte daher auch die Tatsache, dass er meist seine Hände nicht zur Deckung benutzte, sondern sie lediglich auf Hüfthöhe hielt und Schlägen seiner Gegner mittels ungewöhnlich schneller Reflexe auswich. »Schweb wie ein Schmetterling, stich zu wie eine Biene!« Auch

Der größte Boxer aller Zeiten: Muhammed Ali.

wenn das Motto von Ali und seinem Betreuer Drew »Bundini« Brown erst 1973 erfunden worden war, passt es perfekt auf Alis Kampfstil. 1960 hatte der 18-Jährige bereits alle Titel als Amateur gewonnen und holte sich im selben Jahr bei den Olympischen Spielen in Rom die Goldmedaille im Halbschwergewicht. Clay wurde Profi und gewann 1964 gegen den legendären Sonny Liston erstmals den Weltmeistertitel. Er sorgte weltweit für Schlagzeilen: »I shook up the world – I am the Greatest!«, brüllte er damals freudetrunken immer wieder in die Mikrofone.

Viele werden sich noch an jene durchwachten Nächte erinnern, als »The Greatest« sich packende Fights gegen Joe Frazier – den »Fight of the Century« (1971, New York) und die Revanche in Manila (1975), den »Thrilla in Manila« – oder gegen George Foreman – den »Rumble in the Jungle« (1974 in Kongo) – lieferte, allesamt Kämpfe, die in die Boxgeschichte eingegangen sind. Ali zeigte sich dabei nicht nur als grandioser Boxer, sondern auch als würdiger Verlierer. Was ihn aber zum Nationalhelden erhob, war seine Fähigkeit, nach Pleiten immer wieder an die Spitze zurückzukehren. Beispielsweise wurde ihm 1967 der Weltmeistertitel wegen Kriegsdienstverweigerung aberkannt, und sein Comeback ab 1970 wollte nicht recht in Gang kommen. Ali erlitt damals zwei empfindliche Niederlagen, gegen Joe Frazier 1971 und zwei Jahre später gegen Ken Norton, und fast begann man an das ungeschriebene Gesetz im Boxen zu glauben: »They never come back«. Doch Ali gelang es, diese eiserne Regel zu durchbrechen: 1974 schlug er George Foreman und wurde damit erneut Weltmeister.

Untrainiert und unmotiviert beim Kampf, musste er diesen 1978 an Leon Spinks abgeben, holte ihn aber noch im selben Jahr zurück. Danach trat Ali vom Boxsport zurück – und auch der gescheiterte Versuch 1980 gegen Larry Holmes, einen vierten WM-Titel zu holen, konnte seinem Ruhm nicht schaden. Im Gegenteil, seit er 1964 zum Islam übergetreten war, engagierte sich Ali verstärkt als Botschafter des Friedens in aller Welt. 1982 diagnostizierte man bei ihm das Parkinson-Syndrom, und seither setzte er sich weltweit für Betroffene ein. Zu den Höhepunkten seines Lebens nach dem Boxen gehörte zweifellos das Entzünden des olympischen Feuers anlässlich der Olympischen Sommerspiele 1996 in Atlanta.

Ohne Mint Tulip geht beim Kentucky Derby nichts.

American Saddlebred Horse machte dagegen Karriere als Showpferd auf Ausstellungen wie der legendären Kentucky State Fair. Seit 1816 finden sich zu diesem Event im August in Louisville Hunderttausende Besucher ein, um unter anderem die »World Championship Horse Show« zu sehen, bei der rund 2000 der besten Saddlebreds vorgeführt werden. Längst hat man ihre Vielseitigkeit wiederentdeckt und macht sich ihre Eignung als Distanz-, Dressur-, Military-, Spring-, Western- und Fahrpferd zunutze.

Mint Tulip und schnelle Pferde

Pferde und Whiskey – von beidem gibt es in Kentucky genug. Der Kentucky Bourbon wurde weniger als solcher, denn als »Mint Tulep« berühmt. Dieser Drink lässt sich leicht selbst herstellen: Aus zwei Tassen Wasser und zwei Tassen Zucker wird in fünf Minuten ein dicker Sirup eingekocht, acht Minzblätter dazu und über Nacht in den Kühlschrank stellen. Ein großes Glas mit gecrashtem Eis füllen, einen Löffel des Sirups und einen kräftigen Schuss Kentucky Bourbon dazugeben, umrühren und frische Minze hinzufügen – fertig. Cheers!

Stilecht genießt man einen Mint Tulip jedoch beim legendären Kentucky Derby in Louisville, das sich selbst gern als »Pferdehauptstadt der Welt« rühmt. Seit 1875 wird das legendäre Pferderennen immer am ersten Samstag im Mai ausgetragen, und heute sind es bis zu 150 000 Besucher, die rund um die Rennbahn flanieren. Zum 133. Derby 2007 weilte sogar die britische Königin Elisabeth mit Ehemann Prinz Philip unter den Zuschauern und erfüllte sich damit einen Jugendtraum. Doch auch Größen aus Politik, Wirtschaft und Showbusiness stellen sich gern beim Kentucky Derby ins Rampenlicht, und fast wie im englischen Ascot stehen Partys, Hut und Frack auf der Tagesordnung. Allerdings dürfen in Louisville auch »Normalsterbliche« in die Säle und Partyzelte, etwa bei der Winner's Circle Extravaganza, der Barnstable Party, der Grand Gala oder dem Lexington Derby Ball. Hier fließt der Mint Tulip in Strömen, und man sitzt vielleicht plötzlich unverhofft neben Pamela Anderson, Rod Stewart, Jessica Simpson, Robert Trump oder LaToya Jackson.

Wissenswertes

Hotel

• Vier historische Bauten aus dem späten 19. Jahrhundert bilden im Zentrum von Staunton das romantische »Belle Grae Inn« (www.bellegrae.com).

Veranstaltungen

• Am 1. Mai-Samstag findet das Kentucky Derby in Louisville (www.kentuckyderby.com) statt.
• In Knoxville gibt es jeden Mittag ein Gratiskonzert am Knoxville Visitors Center (www.wdvx.com).

Nicht versäumen

• Fahrt auf dem Skyline Drive durch den Shenandoah National Park (www.nps.gov/shen) und auf dem Blue Ridge Parkway (www.nps.gov/blr) zum Great Smoky Mountains NP (www.nps.gov/grsm);
• Tour bei Jack Daniel's in Lynchburg/TN (www.lynchburgtenn.com);
• Womens' Basketball Hall of Fame in Knoxville (www.wbhof.com);
• Museum of the Cherokee Indian und Oconaluftee Indian Village in Cherokee (www.cherokee-nc.com);
• Muhammad Ali Center in Louisville, Museum, Kultur- und Bildungszentrum in einem (www.alicenter.org).

Tabak war einst ein wichtiger Wirtschaftszweig der Region.

Bluegrass Music hat längst den Sprung aus dem Hinterland auf die Bühnen der Welt geschafft.

Die Großen Seen und der »Old Northwest«

»Land der glänzenden Wasser« nannten die Indianer die Region der Großen Seen wegen der schier endlos erscheinenden Wasserfläche. Steht man am Ufer eines der fünf »Great Lakes«, glaubt man tatsächlich, auf ein Meer zu blicken. Doch die Region hat mehr zu bieten als Wasser: pulsierende Metropolen ebenso wie malerische Hafenstädtchen, riesige Wälder und weite Prärien, Naturerlebnis pur und Freizeitmöglichkeiten, heiße Sommer und schneereiche Winter.

Chicago mit seiner beeindruckenden Skyline um den dominierenden Hancock Tower ist die größte Metropole an den Großen Seen.

Pictured Rocks National Lakeshore am Lake Superior ist ein landschaftliches Highlight auf Michigans Upper Peninsula.

Autos sind auf Mackinac Island verboten. Man benutzt hier Boote, Pferdekutschen oder Fahrräder.

Der North Avenue Beach liegt nur einen Steinwurf von Chicagos Stadtzentrum entfernt. Er ist nur einer von vielen Stränden um den Lake Michigan.

Das »Land der glänzenden Wasser«

Chicago gilt als Geburtsstätte der modernen Architektur.

Die Großen Seen bestimmen Geografie und Klima in weiten Teilen des Ostens. Das größte zusammenhängende Süßwasser-Binnensystem der Erde übt einen ausgleichenden Klimaeffekt aus, indem es als Wasser- und Wärmespeicher fungiert. Bei einer Fläche von rund 245 000 Quadratkilometern kommen hier unvorstellbare Wassermassen, rund 15 Prozent der globalen Süßwasserreserven, zusammen. Der mit gut 82 000 Quadratkilometern größte und mit knapp 400 Metern tiefste der fünf Seen ist der im äußersten Westen gelegene Lake Superior. Der kleinste ist der Lake Ontario, ganz im Osten. Doch selbst er ist mit knapp 20 000 Quadratkilometern immerhin noch rund 36-mal größer als der Bodensee, dazu bis zu 237 Metern tief. Vergleichsweise flach dagegen ist mit maximal 64 Metern der Lake Erie. Außer dem Lake Michigan (58 016 km^2, 287 m) gehört noch der Lake Huron (59 586 km^2, 229 m) zum Seengebiet. Die existierenden Höhenunterschiede zwischen den einzelnen Seen, die die Entstehung von Wasserfällen – wie den Niagara Falls zwischen Lake Erie und Ontario – zur Folge hatten, werden seit Eröffnung des St.-Lorenz-Strom-Kanals 1957 durch ein kompliziertes Schleusensystem egalisiert.

Die Große-Seen-Region ist Teil eines ausgedehnten zentralen Flachlands zwischen den Appalachen im Osten und den Rocky Mountains im Westen. Ihr gegenwärtiges Aussehen hat die Landschaft erst in den letzten 15 000 bis 12 000 Jahren, nach der letzten Eis-

Kunst und Kultur werden in Chicago großgeschrieben.

zeit, erhalten, als beim Abschmelzen der Gletscher Moränenlandschaften, Trogtäler, Wannen und Seen, Moore und Flüsse entstanden. Bis zur Mitte des 17. Jahrhunderts und dem Auftauchen der ersten Europäer waren die Großen Seen von undurchdringlichen Wäldern umgeben. Doch während die Indianer im Einklang mit der Natur lebten, beuteten die Weißen die natürlichen Ressourcen zunehmend aus, und gegen Mitte des 19. Jahrhunderts waren die Uferregionen weitgehend abgeholzt. Im Laufe der folgenden Jahrhunderte entwickelten sich hier immer mehr moderne Ballungsräume, in denen heute rund 80 Millionen Menschen leben. Doch nicht nur das Land, auch die Seen wurden umfunktioniert: Sie sind heute Wasserspeicher und Transportwege und dienen der Stromerzeugung und der Erholung.

Old Northwest Territory

Man mag sich fragen, was die Great Lakes mit dem Osten der USA zu tun haben. Ein Blick auf die Geschichte macht die Verbindung jedoch deutlich: Das einst als »Old Northwest Territory« bezeichnete Gebiet zwischen Pennsylvania, dem Ohio River und Mississippi sowie den Großen Seen war nicht nur unter verschiedenen Indianervölkern umkämpft. Seit dem 18. Jahrhundert wetteiferten auch die Kolonialmächte Großbritannien und Frankreich um Einfluss und Besitz. 1763 wurde das Gebiet zunächst von Frankreich an Großbritannien abgetreten, nach dem Unabhängigkeitskrieg 1783 ging das Territorium dann in den Besitz der jungen USA über. Die genauen Grenzen Richtung Kanada waren jedoch zwischen Briten und Amerikanern umstritten. Mit der »Northwest Ordinance« von 1787 versuchte die US-Zentralregierung mittels Selbstverwaltung und eigenständiger politischer Organisation für klare Verhältnisse zu sorgen. Zu diesem Zweck setzte man alles daran, möglichst rasch viele Siedler ins Land zu holen – und übersah, wie so oft, die eigentlichen Bewohner der Region, die Indianer. Durch Landkäufe sollten diese besänftigt werden, doch es regte sich Widerstand, besonders als sie sich während des »War of 1812« mit den Briten verbündeten.

Legendäre Rollen spielten damals der Shawnee-Chief Tecumseh und sein Bruder Tenskwatawa als spiritueller Führer, genannt »der Prophet«. Tecumseh war ein angesehener Politiker und Kämpfer, der dank seiner charismatischen Persönlichkeit die größte Indianermacht der Geschichte aufstellen konnte. Mit seinem Tod, 1813 in der Schlacht am Thames River im kanadischen Ontario, fand der Aufstand ein jähes Ende. In der Folge wurden viele Indianerstämme aus dem Osten in das sogenannte Indianerterritorium (heute Oklahoma) jenseits des Mississippi abgeschoben. Dafür strömten zunehmend Siedler von der Ostküste ins Land, und aus dem alten Nordwest-Territorium bildeten sich die Bundesstaaten Ohio (1803), Indiana (1816), Illinois (1818), Michigan (1837), Wisconsin (1848) und Minnesota (1858).

Musik und Partylaune gehen in Chicago mit Festivals und Festen Hand in Hand.

Die »amerikanischste Stadt« der USA

Was den Ruf als Weltstadt, als Schmelztiegel, als kulinarische und Shoppingdestination sowie als architektonisches Musterbuch angeht, kann Chicago sogar New York das Wasser reichen. Anders als »The Big Apple« präsentiert sich Chicago jedoch überschaubarer, freundlicher, hemdsärmeliger und sauberer. Es ist eine Stadt mit vielen Gesichtern: die der Sieger und Verlierer, der Armen und Reichen, der Midwesterner und der City-Snobs. Die ethnische Vielfalt kommt in Stadtvierteln wie Chinatown, Greektown, den mexikanischen Neighborhoods, dem kleinen deutschen Viertel oder Little Italy besonders gut zum Ausdruck. Auf den Straßen geht es chaotisch zu wie im europäischen Süden, doch zugleich zählt Chicago zu den »grünsten« und Fahrrad-freundlichsten Städten mit dem größten Radwegenetz weltweit.

Über die Jahrhunderte hat sich die Stadt vom Indianerdorf zur Weltstadt entwickelt, von der einstigen Stadt der Schlachthöfe und Gangster à la Al Capone zum Bankenzentrum und zur Warenbörse. Und nicht zuletzt gelangte man erst vor Kurzem als Heimat des ersten afroamerikanischen Präsidenten, Barack Obama, und als Bewerberin für die Olympischen Sommerspiele 2016 in die Schlagzeilen.

Chicago steht synonym für Blues und Jazz, Kunst und Architektur, ist bekannt für sein Shoppingangebot, seine Gourmettempel und Tophotels, für weitläufige Parks und diverse Neighborhoods. Und es ist eine Stadt der Superlative: In Chicago liegt der als bester öffentlicher Platz gepriesene Millennium Park, hier entstand der erste Skyscraper – und hier stehen auch drei der welthöchsten Bauten. Die größte öffentliche Bibliothek der Welt lädt zum Schmökern ein, das größte Indoor-Aquarium zum Fischeschauen, es gibt den weltgrößten Brunnen, die größte Kläranlage, die größte Zeitungsfabrik, den größten Flughafen, und hier kann man den einzigen Fluss der Welt bestaunen, der rückwärts fließt: Einst mündete nämlich der Chicago River in den Lake Michigan, seit 1900 fließt er über einen Kanal in den Mississippi.

»Going to the Loop«

Vom Chicago River durchquert und mit einem 35 Kilometer langen, unbebauten Uferstreifen am Michigansee gesegnet, präsentiert sich die Windy City als faszinierende Mischung aus Gestern, Heute und Morgen. Besonders gut zu erkennen ist das von der Michigan Avenue Bridge, mit Wrigley Building und Trump Tower. Viele der Gebäude stammen aus der Zeit um 1900, als die Stadt Sitz der berühmten »School of Chicago« war und große Baumeister wie Louis Sullivan, Frank Lloyd Wright oder Mies van der Rohe hier tätig waren. Ihnen war der architektonisch wegweisende Wiederaufbau der 1871 beim »Great Fire« fast völlig niedergebrannten Stadt zu verdanken. Die im 20. Jahrhundert tätigen Architekten, zum Beispiel Helmut Jahn, I. M. Pei oder SOM, trugen auf-

Die Heimat von »Good Old Abe«

»Besser schweigen und als Narr scheinen, als sprechen und jeden Zweifel beseitigen« – dieser Ausspruch des am 12. Februar 1809 geborenen Abraham Lincoln hat nichts an Aktualität eingebüßt. Als erster Republikaner war der Rechtsanwalt aus Illinois 1860 zum 16. US-Präsidenten gewählt worden. Und er hat mit dem 13. Verfassungszusatz, der den Sklaven Freiheit und Gleichheit garantierte, als Erster damit begonnen, den Weg für seinen Landsmann Barack Obama zu ebnen. In der Hauptstadt von Illinois, dem 120 000-Einwohner-Städtchen Springfield, südwestlich von Chicago, an der legendären Route 66, gelegen, war Abraham Lincoln von 1837 bis 1861 zu Hause. »Good Old Abe« wird von den Amerikanern noch heute als Primus inter Pares, als der Erste unter den Präsidenten, als wichtigster und bedeutendster Mann in diesem Amt betrachtet. Schließlich hatte sich Lincoln nicht nur vom ungebildeten Bauernbuben, geboren in Kentucky, zum angesehenen Anwalt und Politiker hochgearbeitet, sondern ihm war es auch zu verdanken, dass die Nation nicht in Nord- und Südstaaten zerfiel. Überraschend am 6. November 1860 zum Präsidenten gewählt, musste der friedliebende Mann mit ansehen, wie ein blutiger Bruderkrieg die Nation an den Rand des Ruins trieb. Die von ihm angestrebte rasche Wiederannäherung nach dem Konflikt machte ein verblendeter Südstaatler zunichte: Am 14. April 1865 wurde Lincoln während einer Theateraufführung in Washington ermordet.

Im Sommer 2005 wurde Abraham Lincoln in Springfield mit einem spektakulären Museum gewürdigt: Das über 150 Millionen Dollar teure »Abraham Lincoln Presidential Library and Museum« (www.alplm.org) ist zweiteilig – einerseits Forschungsbibliothek und Archiv, andererseits multimediales Museum. Der auch architektonisch interessante, postmoderne Bau selbst hat kaum für Schlagzeilen gesorgt, dafür die Museumskonzeption. Kritiker sprachen wegen der lebensgroßen, beweglichen Figuren, der nachgestellten Szenen, der eindrücklichen Filme und Medien von einem »Disneyland«. Eher müsste man von einem Museum mit Lehrcharakter und Unterhaltungswert sprechen, das jedes Jahr über eine halbe Million Besucher anlockt.

In Springfield, der Hauptstadt von Illinois, hat Abe Lincoln Kultstatus erlangt. Rechts das Lincoln Memorial in Washington.

Alt und Neu gehen in Chicagos Loop eine faszinierende Symbiose ein.

sehenerregende moderne und postmoderne Architektur zum Stadtbild bei und sorgten dafür, dass Chicago heute einen Querschnitt durch die Weltarchitektur bietet, wie man ihn sonst nirgends findet.

Das Herzstück der Stadt bildet »The Loop«. Der Stadtkern erhielt seinen Namen von der Ende des 19. Jahrhunderts gebauten Hochbahn, der »El« (»Elevated Train«) oder kurz »L«. Auf einem Quadranten von je rund eineinhalb Kilometern Seitenlänge umkreist sie den zentralen Bereich der Innenstadt.

Hier im Loop sind Finanzen, Wirtschaft und Kommerz konzentriert, hier befinden sich legendäre Konsumtempel wie Marshall Field's (heute Macy's) oder Carson Pirie Scott, hier stehen epochemachende Wolkenkratzer und hochklassige Skulpturen auf öffentlichen Plätzen – und hier beginnt die Michigan Avenue, die jenseits des Chicago River als »Magnificent Mile« zu den exklusivsten Einkaufsmeilen der Welt zählt.

Bratwurst, Bier und Schafkopf

Bier, Bratwurst und Käse, Oktoberfest und Vereine, »Sheepshead« (Schafkopf) und deutsche »Gemutlichkeit« – das deutsche Erbe ist in den benachbarten US-Bundesstaaten Wisconsin und Minnesota kein exotisches Phänomen, sondern vielmehr ein Stück gelebte Tradition. Das gilt für eine Metropole wie Milwaukee ebenso wie für die Kleinstadt Lacrosse mit ihrem berühmten Oktoberfest oder für die Ortschaft New Ulm, die bis heute auf die sozialen Visionen ihrer deutschen Vorväter stolz ist. Es waren deutsch- und vor allem bayerischstämmige Auswanderer, die einen Teil ihrer alten Heimat mit in die Neue Welt brachten. Noch heute stellen die deutschstämmigen Amerikaner mit etwa 17 Prozent die größte ethnische Minderheit in den USA. In und um Milwaukee – »America's Most German City« – soll es fast die Hälfte der Bevölkerung sein. Die Stadt hat daher auch in Sachen Rückbesinnung auf deutsche Wurzeln eine Führungsrolle übernommen: Brauereien wie Sprecher halten beispielsweise die Tradition hoch, die einst Frederick Miller, Frederick Pabst und Joseph Schlitz ins Leben gerufen hatten. Die sprichwörtliche »German Gemutlichkeit« kommt vor allem entlang der Old World Third Street, dem Zentrum des deutschen Milwaukee, zum Tragen. Traditionslokale wie Mader's, der alte Turnverein mit seinem Historic Turner Restaurant oder Kneipen wie das Milwaukee Brathaus und die Old German Beer Hall sowie die legendäre Metzgerei Usinger's offerieren noch heute deutsche Spezialitäten.

Milwaukee machte aber zuletzt vor allem wegen seiner modernen Architektur von sich reden: Das Museum of

Art, das »Calatrava«, dessen Sammlung hochkarätig ist, zieht seit 2001 wegen der gelungenen Architektur des spanischen Architekten Santiago Calatrava viele Besucher an. Wie Segel eines Schiffs können die Flügel des Baus nach oben geklappt werden. Daneben ist mit dem Naturwissenschaftsmuseum Discovery World at Pier Wisconsin ein weiteres architektonisches Highlight entstanden. Biker und technisch Interessierte sollten sich die neueste Attraktion der Stadt, das Harley-Davidson-Museum nicht entgehen lassen … und anschließend in der Historic Brady Street oder dem Historic Third Ward ins Nightlife eintauchen.

Kurzer Traum von einer »German Utopia«

Startpunkt für viele deutsche Siedler im Mittleren Westen war nicht New York, sondern Chicago. Auch ein gewisser Frederick Beinhorn landete hier und gründete zusammen mit anderen Deutschen 1853 die »Chicago Land Society«. Ihr Ziel war es, in den Weiten der Prärie sozialistisch organisierte Siedlungen aufzubauen, und so entstand 1854 im fruchtbaren Tal des Minnesota River, im Südwesten des gleichnamigen Bundesstaats, die Ortschaft New Ulm.

Wenige Jahre später ging der Traum von »German Utopia«, einer deutschen Mustersiedlung, jedoch in Flammen auf: Im Sommer des Jahres 1862 geriet das Städtchen New Ulm während des Sioux-Indianer-Aufstands in die Schusslinie. Erbost über fortwährende Vertragsbrüche und wachsenden Siedlungsdruck hatten sich die Dakota, eine der drei Hauptgruppen der als »Sioux« bekannten Prärieindianer, zur Wehr gesetzt. Zwar bauten die Deutschen nach Ende des Konflikts – die Indianer mussten vor der militärischen Übermacht kapitulieren – ihr Städtchen wieder auf, doch von einer Mustersiedlung war keine Rede mehr.

Die »Kunst des Bierbrauens« ist eines der deutschen Relikte in Milwaukee.

Schlendert man heute durch die beschauliche Innenstadt, spürt man dennoch an allen Ecken deutsche Tradition. Anders als viele »German Towns« in den USA widersetzt sich New Ulm aber vehement allen Versuchen, ein »deutsches Disneyland« entstehen zu lassen. Seit 1897 wacht über New Ulm der legendäre Cheruskerfürst Arminius, dessen Germanenheer 9 n. Chr. die römischen Legionen des Varus in den Wäldern Norddeutschlands vernichtend geschlagen hatte. Mit seinen über 30 Metern Höhe überragt das Denkmal nicht nur die Prärie im Südwesten Minnesotas, sondern »Hermann the German« dient zugleich als Symbol für die deutsch-amerikanische Freundschaft. Hermann selbst ist mit fast zehn Metern nach der Freiheitsstatue und der »Portlandia«, der Stadtgöttin von Portland/Oregon, die drittgrößte Bronzestatue der USA.

Die »Motor City« geht neue Wege

Auch wenn die Wirtschaftskrise die Autostadt Detroit, wo mit Ford, General Motors und Chrysler die »großen drei« beheimatet sind, besonders hart getroffen hat, übersieht man nur allzu oft den Fortschritt, der in den letzten Jahren der Innenstadt zu mehr Attraktivität verholfen hat. Das Schlagwort heißt »New Urbanism«, und es zeigt sich, dass eine gezielte Revitalisierung der Innenstadt die ganze Metro Area verändern kann. Mithilfe von Casinos und deren Einnahmen sowie neuen Sportarenen im Zentrum, die an Spieltagen für Zulauf sorgen, ist Detroit derzeit dabei, sein Zentrum aufzupeppen. Erste Erfolge zeigen sich um die zentrale Campus Martius Plaza und den neu belebten Riverwalk. Renovierte Wolkenkratzer aus den 1920er Jahren wie das Guardian Building sind ebenso wie neue Apartmenthäuser zu beliebten Adressen geworden.

Zu den sehenswerten Attraktionen der Stadt gehören die Museen in Midtown, vor allem das Detroit Institute of Arts und das Motown Historical Museum, das zur Pilgerstätte für alle Fans der Soulmusik geworden ist. Besonders sehenswert ist aber das »Henry Ford Museum and Greenfield Village« im benachbarten Vorort Dearborn. Hier hat der Automobilmogul nicht nur die Errungenschaften der Industrialisierung in einem Museum ver-

Sanddünen am Lake Michigan: die Sleeping Bear Dunes National Lakeshore.

Fort Michilimackinac und Mackinac Bridge in Michigan

eint, sondern möglich gemacht, dass sich im angrenzenden Freiareal, das er mit umgesetzten Originalbauten aus aller Welt ausgestattet hat, Besucher zurück in die Zeit um das Jahr 1900 versetzen lassen können.

»Pure Michigan«

Michigan verbindet man meist nur mit Detroit, doch der Bundesstaat, zu dessen Gebiet Uferstreifen von gleich drei Großen Seen – Lake Huron, Michigan und Superior – gehören, hat weit mehr zu bieten. Besonders Naturliebhaber kommen hier voll auf ihre Kosten: Wandern und Radeln, Wassersport, Ski- und Schneeschuhlaufen, Hundeschlittenfahrten und Eisfischen sowie Angeln und Jagen gehören zum breit gefächerten Angebot.
Der Staat Michigan möchte von seiner Abhängigkeit von der Autoindustrie loskommen und engagiert sich zunehmend in der Förderung alternativer Energiequellen wie Windenergie oder der Gewinnung von Biodiesel aus Holzabfällen oder Sauergras. Doch auch der Tourismus spielt eine wachsende Rolle, beispielsweise in dem Areal um das kleine Hafenstädtchen am Lake Michigan, Traverse City. Schon jetzt gilt es als beliebtes Ferienziel für Amerikaner, vor allem wegen der nahe gelegenen ungewöhnlichen Dünenlandschaft, der Sleeping Bear Dunes National Lakeshore. Die Region ist aber zugleich bekannt für ihre delikaten Kirschen und den hier produzierten Wein. Entlang mehrerer Wine Trails um die Grand Traverse Bay reihen sich Weingüter wie Black Star Farms Winery oder L. Mawby Vineyards aneinander und laden zur Probe ein.

»Pasties« und »Yoopers«

Vor der Fahrt über die beeindruckende, acht Kilometer lange Mackinac Bridge – »Big Mac« genannt –, die seit 1957 die beiden durch die Großen Seen getrennten Teile Michigans, Lower und die Upper Peninsula, verbindet, lohnt ein Abstecher nach Mackinac Island. Franzosen und Briten hatten zunächst auf dem Festland einen Militärposten bezogen, doch dann zogen sich die Briten im Unabhängigkeitskrieg 1781 auf die Insel im sogenannten Mackinac Strait, der Enge zwischen Lake Michigan und Lake Huron, zurück und bauten dort ein neues Fort. Dieses dominiert noch heute die Insel, auf der die Zeit stehen geblieben zu sein scheint und die noch immer englisches Flair ausstrahlt. Autos sind verboten und werden durch Pferdekutschen und Fahrräder ersetzt; man wohnt in altehrwürdigen Hotels, isst Fudge und radelt am Ufer entlang der Sonne entgegen oder wandert in dem Naturschutzgebiet, das große Teile der Insel einnimmt. Es leben nur gut 500 Bewohner ständig auf der Insel, die im Winter wegen des zugefrorenen Sees vom Festland abgeschnitten ist, doch im Sommer tummeln sich hier regelmäßig bis zu 15 000 Besucher. Jenseits der Mackinac Bridge befindet man sich bereits auf der Upper Peninsula, der Halbinsel zwischen Lake Superior, Michigan und Huron, die stol-

Hafenstadt in Minnesota mit Eisenbahngeschichte: Depot Museum in Duluth.

ze 2700 Kilometer Uferlinie aufweist. Dazwischen breiten sich endlose Wälder aus, die teilweise abgeholzt, inzwischen aber, wie im Hiawatha National Forest mit seinen etwa 360 000 Hektar Fläche, wieder aufgeforstet wurden. Mittlerweile stehen große Teile des Gebiets unter Naturschutz. Gerade die Uferregion am Lake Superior um den beschaulichen Hafenort Munising, mit der unter Naturschutz stehenden, vorgelagerten Grand Island und der wild-idyllischen Pictured Rocks National Lakeshore gilt unter Erholungsuchenden und Outdoorfans als Geheimtipp. Dichte Wälder, Wasserfälle und eine atemberaubende Felsenküste laden zu Camping und zum Erkunden der Landschaft ein, am besten im Kajak oder zu Fuß, alternativ im Winter mit Schneeschuhen oder im Hundeschlitten. Hier laufen die Uhren noch langsamer, ist alles gemütlicher und die »Yoopers« (»juupers«), nach »U. P.« für Upper Peninsula, treffen sich beispielsweise im Bear Trap in Shingleton zu einem Bier und einer »pasty«. Diese Spezialität der Region wurde im englischen Cornwall von den Frauen der Minenarbeiter erfunden: eine Art Resteessen im Henkelmann. Die »Yoopers« verstehen darunter heute eine sättigende Pastete aus Fleisch, Steckrüben, Zwiebeln und Kartoffeln.

Inselwelt und Hafenflair

Beschaulich geht es auch im benachbarten Wisconsin zu. Hier sind die kleine Hafenstadt Bayfield und die im Lake Superior vorgelagerten, unter Naturschutz stehenden Apostle Islands ein Geheimtipp für Camper, Wanderer und Wassersportler. Besonders schön ist die Region im Herbst, wenn die dichten Laubwälder goldrot zu leuchten beginnen und die Apfelernte zu Ende geht.

Am westlichen Ende des Lake Superior, im Grenzland zwischen Wisconsin und Minnesota, liegt einer der größten Binnenhäfen der Welt. Wenn sich die 1905 erbaute Aerial Lift Bridge in der Hafeneinfahrt der Twin Ports Duluth-Superior langsam hebt, dann scheint die ganze Stadt auf den Füßen zu sein. Jeder möchte das Schauspiel eines ein- oder auslaufenden Schiffs verfolgen und sehen, ob es sich bei dem Giganten um einen »Laker«, ein plumpes Seeschiff, oder um einen »Saltie«, mit mehr Tiefgang, handelt. Letztere stechen nach gut 3700 Kilometern ins offene Meer.

Die Brücke ist aber nicht die einzige Sehenswürdigkeit von Duluth, wo 1941 Bob Dylan geboren wurde und das wegen seiner Hanglage ein bisschen wie eine Hafenstadt in der Bretagne wirkt.

Das Great Lakes Aquarium bietet einen informativen Einblick in das Ökosystem der Großen Seen, während das im alten Bahnhof, dem »Depot«, untergebrachte Eisenbahnmuseum zu den besten im Land zählt. Atemberaubend ist die Fahrt entlang dem North Shore Scenic Drive, der parallel zum Superior (Wander-)Trail verläuft. Das Split Rock Lighthouse wurde 1910 eröffnet, nachdem in einem Schneesturm fünf Jahre zuvor mehrere Schiffe vor der Küste untergingen. Über 350 Wracks sollen hier auf Grund liegen, und noch heute gilt der Lake Superior als eines der gefährlichsten Gewässer.

Motoren und Dünen

Der Bundesstaat Indiana ist mit knapp über sechs Millionen Einwohnern – darunter eine beachtliche Konzentration von Amish und Mennoniten rund um Elkhart – dünn besiedelt. Verglichen hiermit kommt der Großraum

Chicago allein auf 8,2 Millionen. Dafür ist man stolz darauf, schon seit 1816 Bundesstaat zu sein, denn damals bestand Chicago lediglich aus ein paar Hütten. Heute verbinden die meisten den Namen »Indiana« zuallererst mit dem Indianapolis Motor Speedway, der berühmten Autorennbahn in der Hauptstadt Indianapolis. Diese ist weltweit als Austragungsort des »Indianapolis 500 Mile Race« bekannt. Seit 1911, jeweils im Mai, wird das Autorennen ausgetragen und zählt mit 450 000 Besuchern zu den größten Sportveranstaltungen der Welt.
Doch der Staat und seine etwas bedächtig wirkenden, aber als sehr gastfreundlich bekannten Bewohner, genannt »Hoosiers«, haben mehr zu bieten. Hat man erst einmal die hässlichen Industrieanlagen im Süden Chicagos hinter sich gelassen, taucht überraschend an der Südspitze des Lake Michigan eine ausgedehnte Dünen-, Marsch- und Waldlandschaft auf. Indiana verfügt von den vier Anliegerstaaten – die anderen sind Michigan, Wisconsin und Illinois – mit rund 32 Kilometern zwar nur über den kleinsten Uferabschnitt des Lake Michigan, doch dafür steht ein großer Teil davon als Indiana Dunes National Lakeshore und Indiana Dunes State Park unter Naturschutz.

»Small Town America«

Während der schmale Norden Indianas vom Lake Michigan geprägt wird, erinnert der Süden um das Tal des Ohio River an die Waldregionen Kentuckys. Auf halbem Weg zwischen der Hauptstadt Indianapolis und Chicago liegt Lafayette, bekannt für die Universität Purdue. Berühmt wurde der Ort, als hier der legendäre Tecumseh und sein Bruder Tenskwatawa ihre nur kurz blühende indianische Mustersiedlung »Prophetstown« zu Beginn des 19. Jahrhunderts gründeten.
Im Nordosten breitet sich ein wenig bekannter Teil des Staates aus, die »Right Side«. In der Steuben County liefern beschauliche Ortschaften wie Angola, Warshaw oder Huntington Beispiele für »Small Town America«. Naturschutzgebiete wie der Pokagon State Park mit dem historischen Potawatomi Inn sind wenig überlaufen, aber umso lohnender, und eines der besten Lokale der ganzen Region, das »Joseph Decuis«, befindet sich in Roanoke, einer Kleinstadt nahe dem County-Sitz Huntington. Die Besitzer dieses Lokals beziehen ihr Fleisch von selbst gezüchteten Kobe-Rindern und haben sich dem Slow Food auf höchstem Niveau verschrieben. In der Kosciusko County liegt das Village at Winona, eine vormals religiös-utopische Siedlung, die ab 1998 dank einer engagierten Privatinitiative zum Künstlerdorf mit ungewöhnlichen Läden, Ateliers und Lokalen umgestaltet wurde.

Cleveland rockt

Seit der Eröffnung 1995 zieht es Musikfreunde aus aller Welt magisch in die markante, sechs Etagen umfassende Glaspyramide, die Rock and Roll Hall of Fame. Die »Ruhmeshalle der Rockmusik« liegt im Stadtzentrum Clevelands am Ufer des Lake Erie und widmet sich mit rund 60 000 Ausstellungsstücken dem Rock 'n' Roll und seinen Vertretern von den Anfängen bis in unsere Tage.
Mit der Eröffnung eines Kanals zwischen Ohio River und Lake Erie in den 1830er Jahren und dem Eisenbahnbau etwa 20 Jahre später, gewann das 1796 gegründete Cleveland als Hafenstadt an Bedeutung. Doch erst nach dem Bürgerkrieg entwickelte sich die Region zum »amerikanischen Ruhrgebiet«: Stahlindustrie, Kohle und die Gründung der Standard Oil Company

Die Rock and Roll Hall of Fame in Cleveland lohnt einen Besuch.

Phillips 66
MAHAN'S FILLING STATION
MIDDLETOWN ILL USA
Phillips 66
Coca-Cola
ROUTE US 66
Firestone

durch John D. Rockefeller 1870 lockten Zuwanderer aus aller Welt an. Noch heute erlebt man die ethnische Vielfalt am besten im West Side Market, wo es seit 1912 Spezialitäten von deutscher Bratwurst über italienische Salami bis zu polnischen Würsten gibt. Wo einst Industrie und Lagerhallen im Westen des Stadtzentrums dominierten, entstanden Wohnungen, Galerien und Boutiquen, Cafés und Lokale. Um den University Circle reihen sich acht Museen, ein botanischer Garten und die Severance Hall, Heimat des Cleveland Orchestra, auf. Besonders sehenswert ist das Cleveland Museum of Art: 1916 gegründet, bietet es in 70 Galerien mehr als 40 000 Kunstwerke von der ägyptischen Antike bis hin zur Moderne.

Bill Shea und sein Sohn halten in Springfield, Illinois, die Erinnerung an die Route 66 aufrecht.

Get your kicks on Route 66

Als Bobby Troup 1946 die Hymne auf die berühmteste aller Landstraßen komponierte, konnte er nicht ahnen, wie berühmt sein Song einmal werden sollte. Zahlreiche Interpreten trugen den Ruhm der Straße in alle Welt hinaus, allen voran die Rolling Stones. Die Route 66 hat einen besonderen Klang, wird assoziiert mit Harley-Davidson-Motorrädern und Classic Cars, mit Freiheit und Weite. Eigentlich ist die Route 66 heute nur ein Stück Geschichte: 1926 wurde sie als erste durchgehende Überlandverbindung zwischen dem Mittleren Westen (Chicago) und der Westküste (Los Angeles) eingeweiht. Legendär wurde sie bereits kurz nach der Eröffnung, denn nach Weltwirtschaftskrise und Dürreperioden zogen unzählige Menschen auf der Straße Richtung Kalifornien. Literaturnobelpreisträger John Steinbeck schildert diese Trecks in seinem Meisterwerk »Die Früchte des Zorns« und sprach dort erstmals von der »Mother Road«.

Etwa 50 Jahre nach dem Bau der Route 66 wurde sie nach und nach durch neue Autobahnen abgelöst, und 1985 legte man die alte Route offiziell still. In Illinois begann man in den frühen 1990er Jahren durch Hinweisschilder auf die Historie der Straße aufmerksam zu machen und stellte die Straße, wo noch vorhanden, unter Denkmalschutz. Da sich im Staat Illinois noch die meisten authentischen Attraktionen – Diners, Tankstellen, Werbefiguren und Inns – befinden, ist America's Mother Road entlang diesem ersten 640 Kilometer langen Abschnitt zwischen Chicago und St. Louis besonders erlebenswert.

Wissenswertes

Hotels

- Nicht nur für Biker: Das Iron Horse Hotel in Milwaukee (www.theironhorsehotel.com).
- Luxuriös nächtigen im Inn at Joseph Decuis in Roanoke/IN (http://inn.josephdecuis.com).

Nicht versäumen

- Schlittenhunderennen in Munising/MI im Februar (*www.up200.org*);
- Harley Davidson Museum in Milwaukee (www.harley-davidson.com);
- Detroit Walking Tour (*www.insidedetroit.org*) und das »Henry Ford Museum and Greenfield Village« (www.hfmgv.org);
- Zeitreise auf Mackinac Island (www.mackinac.com);
- Sleeping Bear Dunes am Ufer des Lake Michigan (www.nps.gov/slbe);
- Bei Nick's Kitchen in Huntington/IN ein Schnitzelsandwich essen (www.nickskitchen.net);
- Kajaktour auf dem Lake Superior (www.northernwaters.com) oder Weintour in Michigan (www.michiganwines.com).

Buchtipp

Margit Brinke und Peter Kränzle, City Guide Chicago, Reise Know-How Verlag, 2009

Mekka für Biker: das neue Harley-Davidson-Museum in Milwaukee.

Für Unterhaltung, Kultur, Essen und Trinken und Shopping ist am Inner Harbor von Baltimore hinreichend gesorgt.

Daten und Fakten

Zeittafel

Um 900: Ausgehend von der Region um Mississippi und Ohio River entwickelte sich die sogenannte Mississippian Culture, eine der bedeutenden indianischen Hochkulturen Nordamerikas. Das Siedlungsgebiet reichte vom Südosten nordwärts bis in die Nähe der Großen Seen.

1565: Mit der Gründung von St. Augustine, Florida, entstand die erste dauerhafte Ansiedlung von Europäern auf nordamerikanischem Boden.

1607 gründeten die Briten in Jamestown, Virginia, die erste dauerhafte englische Siedlung in der Neuen Welt.

1732: Mit der Besiedelung Georgias war die erste Phase der britischen Landnahme an der Ostküste abgeschlossen.

4. Juli 1776: Unabhängigkeitserklärung der 13 Kolonien. Nach dem Friedensschluss von Paris 1783 waren die USA offiziell ein eigenständiger Staat und das sogenannte Old Northwest Territory, die Region zwischen den 13 Gründerstaaten und den Großen Seen, ging ebenfalls an die Union.

13. Oktober 1792: Mit der Grundsteinlegung für das Weiße Haus begann der Aufbau der neuen Hauptstadt Washington D. C. in einem ehemaligen Sumpfgebiet am Potomac River.

1803 erwarben die USA mit dem »Louisiana Purchase« für nur 15 Millionen Dollar von Napoleon die Region westlich des Mississippi bis hin zu den Rocky Mountains. Das »Neuland« wurde 1804–1806 im Auftrag von Thomas Jefferson erstmals vom Expeditionskorps der Offiziere Lewis und Clark erkundet.

1812–1815: Im »War of 1812« standen sich die USA und Großbritannien zum letzten Mal wegen ungeklärter Landansprüche im Bereich der Großen Seen feindselig gegenüber. Damals gelang es dem Shawnee-Indianer Tecumseh die größte indianische Allianz zusammenzustellen. Nach seinem Tod, 1813 in der Schlacht am Thames River, brach der Widerstand und die meisten Indianer des Ostens wurden gewaltsam ins Indian Territory (heute Oklahoma) umgesiedelt.

1838: Unrühmlicher Höhepunkt der staatlichen Indianerpolitik war der Trail of Tears, bei dem über 16 000 Indianer aus dem Südosten zwangsumgesiedelt wurden.

Am **12. April 1861** begann mit der Beschießung von Fort Sumter bei Charleston durch die Soldaten der Confederate States der Bürgerkrieg.

1863: Das entscheidende Jahr im Bürgerkrieg: Die Union eroberte Vicksburg. In der entscheidenden Schlacht bei Gettysburg wurden die Konföderierten von den Unionstruppen bezwungen.

9. April 1865: Kapitulation des Konföderierten-Generals Robert E. Lee vor Ulysses S. Grant in Appomattox, nahe der alten Südstaatenhauptstadt Richmond, Virginia.

14. April 1865: Präsident Abraham Lincoln wurde von einem fanatischen Südstaatler ermordet.

Dezember 1865: Mit dem 13. Amendment, einem Verfassungszusatz, wurde die Sklaverei aufgehoben.

1869: Bau der ersten transkontinentalen Eisenbahnstrecke. In der Folgezeit erlebten die USA einen ungeahnten wirtschaftlichen Aufschwung.

24. Oktober 1929: Der Schwarze Freitag beendete den Wirtschaftsboom und löste die Weltwirtschaftskrise aus. Das »New Deal«-Programm von Präsident Franklin D. Roosevelt half bei der Krisenbewältigung.

26. Juni 1945: Auf Initiative des US-Präsidenten Franklin D. Roosevelt wurden in San Francisco die Vereinten Nationen gegründet, die seit 1951 ihren Hauptsitz in New York haben.

1951–1959: Bau des Saint Lawrence Seaway zur Verbindung der Großen Seen mit dem Atlantik.

1964: Mit dem Civil Rights Act und 1965 mit dem Voting Rights Act wurden die Rassenschranken formal aufgehoben.

1993–2001: Während der Präsidentschaft von Bill Clinton erlebten die USA einen wirtschaftlichen Aufschwung, der unter seinem Nachfolger George W. Bush junior vor allem wegen des »Kriegs gegen den Terror« verspielt wurde.

4. November 2008: Mit Barack Obama aus Chicago wählten die Amerikaner erstmals einen Afroamerikaner zum Präsidenten.

22. Januar 2009: Vereidigung von Barack Obama zum 44. Präsidenten der Vereinigten Staaten.

Konflikte zwischen weißen Siedlern und Indianern waren vorprogrammiert.

Bruckmanns Reise-Top-Ten

New York, New York
New York ist eine faszinierende Stadt der Kontraste und ähnlich wie die New Yorker selbst eine Art Hassliebe zu ihrer Heimat pflegen, sind auch Gäste in ihren Empfindungen hin und her gerissen: Einerseits stoßen Lärm und Hektik, Reizüberflutung und extreme Gegensätze ab, andererseits zieht gerade diese Vielseitigkeit und Andersartigkeit magisch an. Kurzum, diese Stadt ist ein Muss (www.newyork.de oder http://nycgo.com).

»Wiege der Nation«
Philadelphia mag im Schatten von New York, Boston, Washington oder Chicago stehen, doch die Ostküstenmetropole hat viel zu bieten: In der »Stadt der brüderlichen Liebe« wurde 1776 die Verfassung ausgearbeitet, unterzeichnet und verkündet. Daran erinnern noch heute viele Bauten in der Innenstadt (www.philadelphiausa.travel).

Smithsonian Institution
Es gibt wohl keinen anderen Ort weltweit mit einer derartigen Konzentration verschiedenster und hochkarätiger Museen als die National Mall, zwischen dem Weißen Haus und dem Kapitol, in der Landeshauptstadt Washington D.C. Der Großteil ist Teil der »Smithsonian Institution« und gratis zugänglich (www.washington.org).

Colonial Virginia
Am Ufer der Chesapeake Bay, im heutigen Bundesstaat Virginia, entstand 1607 mit Jamestown (www.jamestown1607.org) die erste dauerhafte europäische Siedlung im Osten. Die Virginians haben die Geschichte des Landes maßgeblich mitgestaltet, und nicht zuletzt waren hier bedeutende Präsidenten wie George Washington (www.mountvernon.org) und Thomas Jefferson (www.monticello.org) zu Hause.

Himmelwärts
Chicago (www.choosechicago.com) kann, was Architektur, Kulturleben, Museen und Shopping angeht, New York durchaus das Wasser reichen. Zudem ist es eine »grüne« Stadt, ökologisch wie botanisch, und ihr Seeufer ist für Fahrradtouren prädestiniert. Leihfahrräder oder Radtouren bietet Bike Chicago (www.bikechicago.com), interessante Touren die Chicago Architecture Foundation (www.architecture.org).

»Land der glänzenden Wasser«
So nannten die Indianer die Region der Großen Seen (www.greatlakes.de) wegen ihrer riesigen Wasserflächen und der atemberaubenden Niagarafälle. Erlebenswert sind jedoch auch das Südufer des Lake Superior mit dem Naturparadies Upper Peninsula (www.uptravel.com) zwischen Munising (www.munising.org) mit der Pictured Rocks National Lakeshore (www.nps.gov/piro) und Mackinac Island (www.mackinac.com), außerdem die Region um Bayfield (www.bayfield.org) mit den Apostle Islands (www.nps.gov/apis) oder nördlich von Duluth (North Shore Scenic Drive, www.byways.org/explore/byways/11185). Die Sleeping Bear Dunes (www.nps.gov/slbe) und die Indiana Dunes (www.casualcoast.com) liegen am Lake Michigan.

Gaumenfreuden
In den unterschiedlichen Regionen des Ostens gibt es hervorragende Regionalküchen. Besonders in den Metropolen reicht die Palette von deftiger ethnischer Hausmannskost bis hin zu Haute Cuisine. Top-Tipps sind das Joseph Decuis in Roanoke, Indiana (www.josephdecuis.com) wegen seines Kobe Beef, East 15 in New York für Sushi (www.15eastrestaurant.com) oder das Rittenhouse Inn in Bayfield, Wisconsin (www.thebayfieldinn.com) aufgrund seiner kreativen Küche (mit zugehörigem Inn!).

Bratwurst, Bier und Schafkopf
Bis heute bilden deutschstämmige Amerikaner die größte ethnische Minderheit der USA, und Milwaukee (www.milwaukee.org) gilt als »America's Most German City«. Doch in ganz Wisconsin sind deutsche Bräuche und Gewohnheiten, Bratwürste, Bier und hochklassiger Käse – besonders in der Green County, südwestlich der Hauptstadt Madison (www.rothkase.com) – nicht wegzudenken (www.travelwisconsin.com).

Buchtipp
Von den Autoren ist im Iwanowski's Reisebuchverlag das ständig aktualisierte Reisehandbuch »USA-Ostküste« erschienen, das große Teile des hier beschriebenen Gebiets abdeckt und zusätzliche hilfreiche Adressen, Hintergrundinfos und Routenvorschläge bietet.

Chicago, Stadt der Architektur: Frank Lloyd Wrights Haus und der O'Hare Airport.

Arts & Events

Kunst- und Kulturmetropole New York
Einen wichtigen Teil im New Yorker Besichtigungsprogramm spielen die Museen, die ein unglaublich breites Spektrum abdecken: von weltberühmten »Kathedralen der Kunst« wie dem Metropolitan Museum, dem Guggenheim oder dem Museum of Modern Art bis hin zu ausgefallenen wie dem New York Transit Museum oder dem Museum of Sex (www.newyork.de/index.cfm?PID=1796).

Festival City Chicago
Diesen Namen trägt Chicago nicht zu Unrecht, reicht das Angebot doch von Blues, Jazz, Gospel, Countrymusic, Taste of Chicago bis hin zum Oktoberfest. Es gibt fast kein Wochenende in den Sommer- und Herbstmonaten, an dem nicht etwas los wäre. Als Top-Events gelten Jazz-, Bluesfestival und Taste of Chicago. Die meisten Veranstaltungen finden im Grant Park, am Seeufer, statt, viele sind kostenlos (www.cityofchicago.org/specialevents).

Leaf Peeping
Von Ende September bis Ende Oktober, im »Indian Summer«, bieten die Laubwälder in den Appalachen und um die Großen Seen – besonders in Michigan, Wisconsin und Minneapolis – ein einmaliges Farbenschauspiel. Empfehlenswerte Routen sind der Blue Ridge Parkway (www.blueridgeparkway.org) oder der Skyline Drive im Shenandoah National Park (www.nps.gov/shen) sowie die Lake Superior Circle Tour (www.lakesuperiorcircletour.info).

Ja, wo laufen sie denn?
Jeder Läufer träumt davon, einmal am legendären New York Marathon teilnehmen zu dürfen. Doch abgesehen von der körperlichen Eignung muss man das Glück haben, als Teilnehmer ausgelost zu werden. Als Trost: Auch Zuschauen ist ein unvergessliches Erlebnis (www.nycmarathon.org).

Mythos »Route 66«
Erinnerungen an die Ära der spektakulären Straßenkreuzer und des Rock 'n' Rolls werden im September beim Route 66 Festival in Springfield, Illinois, (www.route66fest.com), wachgerufen. Auf mehreren Bühnen gibt es Konzerte, und Liebhaber präsentieren stolz ihre Oldtimer.

»Play Ball«
Nicht nur Sportfreunde sollten in den Sommermonaten ein Baseballspiel besuchen. Egal, ob Spiele der Major League (www.mlb.com) oder der zahlreichen unteren Profiligen (www.minorleaguebaseball.com), beim urtypisch-amerikanischen Ballspiel lernt man nicht nur eine faszinierende Sportart besser kennen, sondern erfährt zudem viel über Land und Leute.

Oktoberfest USA
In vielen Orten des Ostens, die deutschstämmige Bewohner haben, gehört heute das Oktoberfest zum festen Bestandteil des Veranstaltungskalenders. In LaCrosse (Wisconsin) am Mississippi feiert man sogar eines der größten der Welt, mit Umzug, Trachten, Blasmusik und großem Festplatz (www.oktoberfestusa.com).

4th of July – Independence Day
Der Unabhängigkeitstag am 4. Juli ist landesweit der wichtigste Feiertag. Zu den Höhepunkten gehört stets ein Feuerwerk. legendär und unübertroffen ist dasjenige über dem East River in New York (www.macys.com/campaign/sites/fireworkes/index.jsp).

Bunte Museumsvielfalt im Art Institute of Chicago: Berühmte Gemälder und Chagalls Glasfenster.

Chicago ist berühmt für Blueskneipen ...

... und Musikfestivals.

Schnelle Pferde und Mint Tulip

Zu den legendären Pferderennen der Welt gehört das Kentucky Derby in Louisville (Kentucky). Auch hier ist das Umfeld abseits der Rennbahn von besonderem Interesse. Mit einem Glas Mint Tulip lässt sich dieses Ambiente entsprechend genießen (www.kentuckyderby.com).

Dröhnende Motoren

Seit 100 Jahren dröhnen am Stadtrand von Indianapolis die Motoren, gehört doch der Indianapolis Motor Speedway zu den bedeutendsten Automobilrennstrecken der Welt. Die NASCAR-Rennen ziehen immer wieder Zehntausende Besucher an (www.indianapolismotorspeedway.com).

Summerfest und Country Music

Während des größten Musikfestivals der Welt im Henry Maier Festival Park, dem alljährlichen Sommerfest (www.summerfest.com), wird Milwaukee seinem Ruf als Festival City gerecht. An elf Tagen treten auf 15 Bühnen an die 2500 Musiker aus aller Welt auf und bieten von Rock 'n' Roll über Jazz, Country, Blues, Cajun/Zydeco bis hin zu Big Band Sounds ein breites Spektrum. Auf halbem Weg zwischen Milwaukee und Green Bay liegt am Lake Winnebago Oshkosh, das sich beim Country USA Festival (www.countryusaoshkosh.com) im Juni vom beschaulichen Seeresort in eine Wildwest-Town verwandelt.

Staunen über moderne Kunst

Erinnerung an John Lennon

USA – Der Osten von A bis Z

Anreise

Flüge in den amerikanischen Osten gibt es in großer Zahl, von unterschiedlichen Veranstaltern und mit verschiedenen Airlines. Broker wie www.expedia.de offerieren Flüge oft günstig, doch auch Linienfluggesellschaften bieten, vor allem in der Nebensaison, per Internet zeitlich limitierte und kontingentierte Schnäppchen. Nonstop von Deutschland aus werden New York (JFK und Newark), Philadelphia, Washington und Chicago sowie Cincinnati und Detroit angeflogen. Empfehlenswerte und vor allem individuell veränderbare Mietwagenrundreisen durch den Osten bietet America Unlimited (Tel. 0511-37444750, www.america-unlimited.de).

Ärztliche Versorgung und Apotheken

Besondere Gesundheitsrisiken bestehen für USA-Reisende nicht, und an qualifizierten Ärzten besteht kein Mangel. Im Notfall ruft man die Ambulanz (911) oder fährt zur Notaufnahme eines Hospitals (Emergency Room). Eine Reisekrankenversicherung ist unverzichtbar, gegen Quittungen erstattet diese Kosten für Arzt oder Medikamente zurück. Apotheken (pharmacies) existieren meist in Form von »Prescriptions Counters« in Drugstores. Dort und in Supermärkten gibt es preiswert und rezeptfrei ein Grundsortiment an Medikamenten.

Diplomatische Vertretungen

Eine Liste aller Auslandsvertretungen im Reisegebiet findet sich auf www.auswaertiges-amt.de (D.), www.bmaa.gv.at (A) sowie www.eda.admin.ch (CH).
Amerikanische Botschaften:

- Deutschland: Pariser Platz 2, 10117 Berlin, Tel. 030-2385-174; Konsularabteilung (Visa): Clayallee 170, 14195 Berlin, Terminabsprachen Tel. 0900-1-850055, http://germany.usembassy.gov
- Österreich: Boltzmanngasse 16, 1090 Wien, Tel. 01-313390, Konsularabteilung/Visa: Parkring 12, 1010 Wien, Tel. 0900-510300, www.usembassy.at
- Schweiz: Amerikanische Botschaft, Sulgeneckstr. 19, 3007 Bern, Tel. 031-357-7011, Visa-Termine 0900-878472, http://bern.usembassy.gov
- Botschaft der Bundesrepublik Deutschland in Washington D. C., 4645 Reservoir Road NW, Tel. 202-298-4000.

Einkaufen

Es gibt kein verbindliches Ladenschlussgesetz, aber dennoch sind die meisten Geschäfte, vor allem außerhalb der großstädtischen oder touristischen Zentren, nur zwischen etwa 9/10 und 18/19 Uhr geöffnet. Lediglich Kaufhäuser, Einkaufszentren und Supermärkte/Drugstores sowie Buch-/CD-Läden haben länger geöffnet. An Sonntagen öffnen viele Geschäfte erst am Nachmittag. Zu den angegebenen Preisen kommt immer noch eine Sales Tax (MwSt.) von 5 bis 10 % je nach Staat.
Preiswerter als hierzulande sind Freizeitkleidung und -zubehör, Jeans, Sportschuhe und -artikel, gelegentlich auch technische und elektronische Geräte. Am günstigsten bekommt man vieles in sogenannten Factory Outlets oder Outlet Malls.

Einreise und Visum

27 Staaten, darunter Deutschland, Österreich und die Schweiz, sind am Visa-Waiver-Programm (VWP) beteiligt – und damit entfällt die Visumpflicht für eine Aufenthaltsdauer bis zu 90 Tagen.
Nur wer keinen neuen Europass besitzt oder aus bestimmten Gründen länger im Land bleiben möchte, muss sich der aufwendigen und kostspieligen Prozedur der Visumbeschaffung unterziehen. Über das aktuelle Prozedere informieren die Botschaften und Konsulate (http://german.germany.usembassy.gov, »Visainformationen« oder http://travel.state.gov/visa/visa_1750.html).

Der Schaufensterbummel in New York ...

... führt an manch schriller Einkaufswerbung vorbei.

In den USA ist kulinarische Vielfalt ein Charakteristikum.

Seit dem 12. Januar 2009 müssen sich Reisende, auch Kinder, die ohne Visum einreisen, im Rahmen des Electronic System for Travel Authorization (ESTA) spätestens 72 Stunden vor Abflug online registrieren lassen. Das kann im Reisebüro oder im Internet auf der Website http://german.germany.usembassy.gov/germany-ger/visa/esta.html (deutsche Erläuterungen und Link) oder http://esta-usa.de erfolgen. Dabei werden dieselben Angaben erfragt, wie sie derzeit auch noch auf dem grünen I-94 W-Formular zur Befreiung von der Visumpflicht im Flugzeug ausgefüllt werden müssen (Name, Geburtsdatum, Adresse, Nationalität, Geschlecht, Passdaten sowie erste Adresse in den USA). Wer einmal registriert ist, kann innerhalb von zwei Jahren beliebig oft einreisen, sofern der Pass so lange gültig ist. Bei Besitz eines Visums ist keine Registrierung nötig.
Zusätzlich muss pro Familie mit gleicher Adresse ein weißes Zollformular – die Customs Declaration – ausgefüllt werden. Über Gepäckmengen und -größen, Sicherheitsbestimmungen, Screening usw. informieren die Fluggesellschaften, außerdem finden sich Hinweise auf www.TSAtraveltips.us.

Essen und Trinken

Über das Essen in den Vereinigten Staaten kursieren jede Menge Vorurteile, doch die amerikanische Küche besteht nicht nur aus Hamburgern und Hot Dogs, Budweiser und Coke. Die Amerikaner ernähren sich nicht ausschließlich aus Konservendosen und von Tiefkühl-Fertigprodukten. In den letzten Jahren hat sich das kulinarische Angebot in den USA enorm gewandelt, und mittlerweile gibt es überall Wochenmärkte und Bioprodukte und dazu hervorragende Restaurants aller Genres und Preisklassen. Generell darf Alkohol nicht an Personen unter 21 Jahren verkauft und nicht in der Öffentlichkeit konsumiert werden. In Restaurants gilt das Prinzip »wait to be seated«, und man wird dort relativ schnell »abgefertigt«.
Dafür ist die Speisenzusammenstellung – Vorspeise (appetizer), Hauptgericht (entrée) und Nachtisch (dessert) – weit flexibler. Zur Rechnungssumme (cheque) kommt die tax und man sollte unbedingt rund 15 % Trinkgeld addieren.

Feiertage

- 1. Januar: New Year's Day (Neujahr)
- 3. Montag im Januar: Martin Luther King's Birthday

Ein Hauptfeiertag in den USA ist der 4th of July, der Unabhängigkeitstag.

- 3. Montag im Februar: Presidents' Day (George Washington's Birthday – Gedenktag zu Ehren aller Präsidenten);
- Ende März/April: Easter Sunday (Ostersonntag); Karfreitag (Good Friday) gilt nur eingeschränkt als Feiertag, Ostermontag ist keiner;
- Wochenende vor dem letzten Montag im Mai: Memorial Day Weekend (zu Ehren aller Gefallenen) – Beginn der Ferienzeit;
- 4. Juli: Independence Day (Unabhängigkeitstag) – Nationalfeiertag;
- Wochenende vor dem 1. Montag im September: Labor Day Weekend (Tag der Arbeit) – Ende der Ferienzeit;
- 2. Montag im Oktober: Columbus Day (erinnert an die Entdeckung Amerikas);
- 11. November: Veterans' Day (Ehrentag für die Militärveteranen);
- 4. Donnerstag im November: Thanksgiving Day (Erntedank, großes Familienfest);
- 25. Dezember: Christmas Day; keine Feiertage sind Heiliger Abend (Christmas Eve, Holy Night) und 2. Weihnachtsfeiertag.

Geld und Währung

Ein gewisser Dollarbetrag in der Tasche (vor allem Quarter-Münzen) ist unverzichtbar, doch ansonsten sollte man auf größere Bargeldbeträge verzichten. Eine Kreditkarte ist hingegen ein Muss, damit kauft man ein, tätigt Reservierungen oder stellt die Mietwagenkaution. Reiseschecks (zum Beispiel AmEx Travelers Cheques) müssen vor der Reise bestellt werden und können auch in Hotels in Bargeld umgesetzt und in Läden als Zahlungsmittel verwendet werden. Preiswerter als mit der Kreditkarte lässt sich an Bankautomaten mit Maestro-Zeichen mit Maestro-Karte und PIN Geld ziehen.

Informationen

Die meisten im Reisegebiet liegenden Staaten sind durch deutsche PR-Agenturen vertreten, die auch Infomaterial versenden:

- New York: NYC & Company, c/o. Aviareps Tourism, Tel. 089-236-62134, http://nycgo.com/de oder www.newyork.de;
- Pennsylvania: Wiechmann Tourism Service GmbH, Tel. 069-25538250, www.visitpa.com;
- Capital Region (Maryland, Virginia und Washington D.C.): Capital Region USA, Claasen Communication, Tel. 06257-68781, www.capitalregionusa.de;
- West Virginia: Kaus Media Services, Tel. 0511-5179610, www.wvtourism.com;
- Tennessee: Verkehrsbüro des Staates Tennessee, Tel. 0521-986-0415, www.tennessee.de;
- Kentucky: Kentucky Dept. of Tourism, Tel. 001 (502) 564-4930, www.kentuckytourism.com;

• Great Lakes (Illinois, Indiana, Michigan, Minnesota, Ohio, Wisconsin): Travel Marketing Romberg, Tel. 02104-286672, www.greatlakes.de;
• Chicago: Fremdenverkehrsbüro Chicago and Illinois, Wiechmann Tourism Service GmbH, Tel. 069-25538280, www.gochicago.de.

Notfälle

Bei Diebstahl oder Verbrechen ist im nächsten Polizeirevier Anzeige zu erstatten oder der Vorfall bei der betreffenden Stelle, etwa Fluggesellschaft oder Bank, möglichst mit Nummern oder Kopien der entsprechenden Papiere, zu melden. Bei Verlust einer Kreditkarte oder von Reiseschecks muss umgehend eine Sperrung veranlasst werden. Bei Verlust oder Diebstahl gibt es in Deutschland die einheitliche Sperrnummer 0049-116116 und vom Ausland zusätzlich 0049 (30) 4050-4050. Sie gilt mit wenigen Ausnahmen für alle Arten von Zahlungsmitteln und Banken. Im Notfall verhilft die Reisebank/Western Union (www.reisebank.de) rasch und unkompliziert zu Bargeld.

Telefon und Internet

Gespräche vom Hotel aus können teuer kommen, sofern nicht Calling Cards eingesetzt werden. Diese gibt es in verschiedenen Versionen (Infos unter www.long-distance-phone-cards.info/callingcards), meist mit persönlicher Geheimnummer (PIN) und kostenfreier 1-800-Einwahlnummer. Eine günstige Prepaidkarte offeriert zum Beispiel www.us-callingcard.info. »Mobil Phones« funktionieren in der Triband-Version mit dem in den USA gebräuchlichen 1900-Mhz-Band meist problemlos.
• Gebührenfrei sind 1-800-, 1-888-, oder 1-877- und 1-866-Nummern.
• Vorwahlen aus den USA: Deutschland 01149, Österreich 01143, Schweiz 01141 + Ortsvorwahl (ohne 0) + Teilnehmernummer.
Internetnutzung stellt mit dem Laptop kein Problem dar, da in Hotels WLAN verbreitet ist. Außerdem ermöglichen Hotels, Internetcafés, Bibliotheken, Buchläden und andere öffentliche Einrichtungen gratis oder preiswert Internetzugang.

Reisezeit und Klima

Generell sind die Monate Mai bis Oktober die geeignetsten, wobei gerade im Herbst die Natur ein prächtiges Farbenschauspiel (Indian Summer), zum Beispiel in den Appalachen oder rund um die Great Lakes, bietet. Das Frühjahr gebärdet sich häufig launischer als der Herbst, andererseits sind die Tage im Frühjahr länger. Im Sommer kann die Hitze in den Metropolen zusetzen, dann sind Naturregionen vorzuziehen.

Sicherheit und Verhaltensregeln

Die USA sind nicht krimineller oder gefährlicher als jede andere Reiseregion und, lässt man die übliche Sorgfalt walten, gibt es selten Probleme. Vorsicht ist bei Massenveranstaltungen, Menschenaufläufen oder in öffentlichen Verkehrsmitteln geboten. »Bad neighborhoods« in Großstädten sollte man ebenso meiden wie Parks, dunkle Parkgaragen und Unterführungen, speziell nach Einbruch der Dunkelheit und allein.

Sport

Ein besonderes Erlebnis ist der Besuch einer großen Sportveranstaltung. Infos über die Teams der vier »großen« Sportarten American Football, Baseball, Basketball und Eishockey, aber auch den zunehmenden populärer werdenden Fußball, erhält man unter den Websites der Profiligen: www.nfl.com, www.mlb.com, www.nba.com, www.nhl.com und ww.mlsnet.com. Daneben lohnen die Spiele der Universitätssportmannschaften (College Sports, www.ncaa.com). Naturfreunde und Freizeitsportler kommen im Osten ebenfalls voll auf ihre Kosten. Das Angebot ist groß und reicht von Wassersport, Angeln und Eisfischen über Wandern, Schneeschuhlaufen und Biking bis hin zu Golf, Reiten oder Tennis.

Strom

Wegen der üblichen Wechselspannung von 110 bis 115 Volt müssen von zu Hause mitge-

Pause am Strand nach der Radtour

Segeltörn in der Chesapeake Bay

Schicke Designerbars sind in vielen Großstädten der letzte Schrei.

brachte Geräte umstellbar sein. Die andere Form amerikanischer Steckdosen erfordert zudem einen Adapter, den man am besten mitbringt.

Trinkgeld

»Tip« oder »gratuity« ist in den USA nicht inklusive und da die Löhne der Beschäftigten im Dienstleistungsgewerbe niedrig sind, sollte man 15–20 % Trinkgeld (vor allem in Lokalen) geben. Gepäckträger, Zimmermädchen, Taxifahrer erhoffen sich ebenfalls eine Anerkennung für ihre Dienste.

Unterkunft

Deutsche Reiseveranstalter bieten ein breites Angebot an Stadthotels, wobei die Preise bei rund 120 € pro DZ ohne Frühstück beginnen. Broker wie www.hotel.com, www.hotelbook.com oder www.hrs.de sind oft günstiger. Vorausbuchungen sind empfehlenswert, besonders wenn man an Wochenenden in einem der empfehlenswerten historischen Inns oder B&Bs (www.abba.com) – mit reichhaltigem Frühstück und persönlicher Betreuung, oft in historischem Ambiente – nächtigen möchte. Diese sind zwar im Allgemeinen teurer als M/Hotels (Listen: www.us-infos.de/tourtips-motels.html), bieten dafür aber das »besondere Erlebnis«.

Zeit

Im Osten gelten zwei Zeitzonen, die Eastern und Central Time, das heißt 6 und 7 Stunden Zeitverschiebung. In den USA herrscht vom 1. März-Wochenende bis zum 1. Nov.-Wochenende Sommerzeit (daylight saving time).

Zoll

Gegenstände des persönlichen Bedarfs können zollfrei in die USA eingeführt werden, außerdem sind 200 Zigaretten oder 50 Zigarren, 1 Liter alkoholische Getränke und Geschenke im Wert von $ 100 erlaubt. Lebensmittel sowie Pflanzen, Waffen und Drogen dürfen nicht eingeführt werden (www.customs.gov).

Bei der Wiedereinreise nach D und A sind (ab 17 J.) zollfrei 200 Zigaretten oder 100 Zigarillos oder 50 Zigarren oder 250 g Tabak, 1 l Alkohol über 22 %vol oder 2 l unter 22 %vol, 50 g Parfüm oder 0,25 l Eau de Toilette, Geschenke im Wert von 430 € (Infos unter www.zoll.de oder www.bmf.gv.at).
Für Schweizer sind die Vorschriften ähnlich, siehe www.ezv.admin.ch.

Für Schnäppchenjäger: »Shake, Rattle & Read Book Box Books« in Chicago.

MALCOLM McLAREN!
A WALK ON THE WILD SIDE
NEW YORK AFTER DARK
Terry Southern Flash and Filigree
THE BARE FACTS
BAD BO
the house that rock built
Rock 'n' Roll
RAND McNALLY
Chicago
BOOK
A PRESENT
ENCLOSED: A CHARTER INVITATION

Register

Produktmanagement: Joachim Hellmuth
Textlektorat: Kristin Bamberg
Layout: Werner Poll, Putzbrunn
Repro: Repro Ludwig, Zell am See
Kartografie: Astrid Fischer-Leitl
Herstellung: Bettina Schippel
Printed in Slovenia by MKT Print, Ljubljana

Alle Angaben dieses Werkes wurden vom Autor sorgfältig recherchiert und auf den aktuellen Stand gebracht sowie vom Verlag geprüft. Für die Richtigkeit der Angaben kann jedoch keine Haftung übernommen werden.

Für Hinweise und Anregungen sind wir jederzeit dankbar.
Bitte richten Sie diese an:
Bruckmann Verlag
Produktmanagement
Postfach 40 02 09
80702 München
E-Mail: lektorat@bruckmann.de

Bildnachweis:
Margit Brinke und Peter Kränzle: Seite 53, 153 (2);
Valley Forge CVB: Seite 67.
Picture Alliance/dpa, Frankfurt am Main: Seite 89, 106 l., 131.
The New York Times/laif/Köln: Seite 132.
Alle anderen Abbildungen stammen von Christian Heeb.

Bildnachweis:
Umschlagvorderseite: United States Capitol, Sitz des Kongresses, Washington
Umschlagrückseite: Farm in Lancaster County, Pennsylvania
Seite 1: Nummernschild in Illinois
Seite 2-3: Capitol, Washington

Die Deutsche Nationalbibliothek – CIP-Einheitsaufnahme
Ein Titelsatz für diese Publikation ist bei der Deutschen Nationalbibliothek erhältlich

ISBN 978-3-7654-4763-1